사람을 쉽게 믿지 말라!

뒤통수

자신과 가족의 소중한 삶과 행복을
남에게 빼앗기지 않기를 진심으로 바랍니다.

한가(家)롭게 드림

프롤로그

한 달에 절반가량을 제주에서 생활하고 있다. 제주로 가족 여행을 온 사람들을 자주 보게 된다. 다들 그동안 많은 고생, 지침, 힘듦을 뒤로 하고 사랑하는 가족들과 함께 행복한 여행을 즐긴다. 밝은 표정으로 사진을 찍고 그동안 아끼고 잘 표현하지 못했던 말과 행동으로 소홀했던 가족 간의 사랑과 행복을 다시 한번 깨닫고 느낀다.

문득 저렇게 행복한 사람들에게 자신의 이득을 위해서 뒤통수를 쳐 그들의 행복을 빼앗는 일이 생기면 어쩌나 하는 생각이 들었다. 그동안 살아오면서 믿었던 사람들에게 뒤통수를 맞고 삶이 휘청거리는 일들을 많이 경험했었기 때문이다. 내 이야기를 가장 잘 들어 주는 딸과 이런저런 이야기를 하고 있는데 "그럼 그걸 책으로 써서 사람들에게 알려 주는 건 어때?"라고 하는 것 아닌가! 그래서 "그럼 내가 항상 너에게 이야기했던 이런저런 속상했던 이야기를 한번 써 볼까?"하는 생각을 했고 이를 실천하게 되었다.

나는 귀가 얇고 남의 말을 잘 믿는 편이다. 독하지도 못해서 남에게 싫은 말도 잘 못하고 부탁을 하면 사람 나쁘다는 소리 듣기 싫어서 거절도 잘 못한다. 점잖은 척하지만 솔직히는 욕심도 많다.

그래서 그런지 남에게 뒤통수를 잘 맞는 편이다. 나만 그런 줄 알았는데 주변 사람들이 말을 안 할 뿐이지 믿었던 사람에게 뒤통수를 얻어맞는 경우가 생각보다 많았다. 세상일이 자기 뜻한 바대로 되지 않는다는 것은 대부분 공감할 것이다. 신뢰하고 믿었던 사람에 대한 배신과 그로 인한 재산상의 손해와 상실감을 먼저 경험한 사람의 이야기를 들으면, 새로운 일을 도전하고 삶의 변화를 꾀하는 사람들이 뒤통수를 맞지 않고 시행착오도 덜 겪으면서, 세상에서 가장 소중한 본인과 가족의 행복을 지킬 수 있지 않을까?

주요 내용은 직장생활과 소규모 사업을 해 나가면서 겪었던 경험과 각종 애환, 일과 인간관계에 대한 기대와 실망에 관한 이야기를 옴니버스 형태로 구성했다. 또한 최고경영자와 기업의 리더를 대상으로 한 강연과 멘토링에서 자주 이야기했던 성공과 자기관리와 관련된 핵심적인 내용들도 일부 정리했다.

직장인, 사업자, 새로운 일을 준비하시는 분과 미래를 이끌고 갈 MZ세대에게 나의 작은 경험이 살아가면서 시행착오를 줄일 수 있는 도움이 되면 정말 좋겠다.

그동안 대부분 컨설팅보고서 등 딱딱하고 경직된 글만 써 왔고 그 세월이 제법 길다. 개인적인 경험 위주의 글이라 따뜻하고 부드럽게 쓰고 싶었지만 아쉽게도 그렇지 못하다. 세월의 특성상 철 지난 아재 멘트도 있으니 다소 주의가 필요해 보인다. 혹시라도 내용을 불편하게 느끼실 분도 계시지 않을까 염려된다. 미리 사과와 양해를 구한다.

제주에서 한가(家)롭게 드림

차례

프롤로그 · 002

1장 뒤통수, 절대 사람 쉽게 믿지 마라

세상에는 좋은 인연보다 악연이 더 많다 · 014

나 스스로에 대한 셀프 뒤통수 · 017

인간 뻐꾸기가 세상에 너무 많다 · 019

설마 했던 그 사람이 뒤통수를 친다 · 023

세상에 공짜 점심은 없다 · 024

뒤통수는 '경계성 사기'다 · 027

뒤통수를 한 대 후려치고 싶은 사람들 · 028

친인척, 때로는 타인만 못하다 · 031

먹이사슬을 함부로 건들지 말라 · 033

뒤통수는 사람을 가리지 않는다 · 037

고객은 항상 '헤어질 결심'을 한다 · 041

UFC, 약하면 바로 당한다, 인간의 더러운 본능 · 043

반가운 전화인 줄 알고 받았는데 · 046

지인이 돈 꿔 달라고 할 경우 · 047

가족, 형제가 돈 빌려 달라고 할 경우 · 048

돈 꿔 준 사람과 돈 꿔 간 사람의 우선순위 · 049

나는 오늘 마술사가 되었다 · 051

이 세상에는 '꽃미남'이 아주 많다. · 052

2장 인생은 끊임없는 뒤통수의 연속이다

새치기, 뒤통수, 사기 치는 사람은 한 사람이다. · 056

친구는 과연 뒤통수를 치는가? · 058

3의 법칙, 인간 하이에나를 조심하자 · 059

새로운 도전과 시도는 시발비용이 따른다. · 061

나는 솔직히 당신이 맘에 안 들어 · 063

기쁨과 슬픔을 함부로 나누지 말라 · 065

인생은 계획할 필요가 없다? · 067

정말 오랜만에 지인에게 연락이 온다면 · 069

동반성장카드와 완벽한 뒤통수 · 071

사람에게 절대 기대하지 말라 · 074

뒤통수와 배신은 정점으로 갈 것이다 · 076

직거래에 대한 욕망은 인간의 본질 · 078

동업을 한다는 것은? · 080

전문가들도 쉽사리 뒤통수를 맞는다 · 081

잘못된 소개, 잘못된 만남 · 083

가능하다면 이것만은 하지 말자 · 085

3장 직장 고민, 직장생활과 뒤통수

주인보다 주인의식이 많으면 안 된다 · 088

그들은 절대로 책임지지 않는다. · 090

적성에 맞는 일을 직업으로 한다는 것 · 093

잘못된 준비와 연습이 뒤통수를 친다 · 097

이런 것도 갑질이고 뒤통수를 치는 것이다 · 100

'고나리자' 도대체 무슨 뜻이지? · 102

안 되면 되는 거 하라 · 105

유사 이래 창업하기 쉬운 시대? · 107

열심히만 한다는 것은 타성에 빠진 것이다 · 110

사랑을 강요해서 될까요? · 111

회사 브랜드 인간의 종말과 진정한 퇴사 인간 · 113

갑과 을은 한순간에 바뀐다 · 116

누워서 보고받는 꼰대 · 118

제발! 가만히 있기를 바란다 1 · 120

제발! 가만히 있기를 바란다 2 · 122

눈치(Noonchi)가 없으면 노력해서 나아질까? · 125

기업강연을 하고 나서 이런 생각, 저런 생각 · 127

순진하고 마음이 독하지 못하다면 · 130

4장 MZ와 함께 호흡하고 '탈꼰대'하라

상호 성장과 발전이 최고의 가치다 · 136

우리 회사 MZ는 MZ가 아닌가 봐 · 138

조용한 사직 vs 조용한 해고 · 140

MZ세대와의 부산 출장 · 142

난 라떼를 마시면 꼭 설사를 한다 · 145

'라떼는 말이야'보다는 '요즘은 말이야'로 · 146

나는 라꼰, 라스트 꼰대인가 보다. · 150

청년들에게 종종 미안하다는 생각을 한다. · 152

비울수록 채워진다?, 내가 없으니 더 잘된다 · 154

30대도 불안정한 시대 · 156

사람을 신뢰한다는 것은 · 158

그대여, 여전히 크게 한 방을 노리고 있는 건가? · 161

MZ 직장인들의 엑시트(EXIT) 전략 · 163

직장도 프리미어그처럼 될 것이다 · 166

5장 소소한 뒤통수 이야기들

장모님의 뜻깊고 소중한 선물 · 172

노룩(No look) 악수하는 사람들 · 173

종교인들은 과연 스트레스가 없을까? · 175

쓰레기차 피하니 똥차가 · 176

와세다 출신이라는 것은 · 177

설렁탕 에피소드 1 · 179

설렁탕 에피소드 2 · 181

작은 이익에 목숨 거는 사람들 · 182

나는 평양냉면보다는 함흥냉면이 좋다 · 184

할리 데이비드슨은 젊을 때 타는 것이다 · 186

제주도에서 아마존 하면서 산다 · 188

부부싸움과 전사의 눈빛 · 191

거침없이 회전초밥 · 194

'가족경영'을 절대 무시하지 말라 · 196

답답해서 사주팔자를 보러 갔는데 · 198

읽씹(읽고 씹히다)을 경험했다면? · 199

뻥 과자와 우주 시대의 개막 · 201

6장 그렇다고 뒤통수만 맞을 순 없잖아!

가난하고 궁지에 몰려 있다면 승부수를 던져라 · 206

너무 조바심을 내다가 진짜 죽는다 · 208

독 같은 인간을 반드시 멀리하라 · 210

삶은 계란 = Should have + pp · 212

자기 자신을 해고하라! "Fire Yourself!" · 214

성공을 위한 필수 자양분 · 216

비교는 지옥으로 가는 길이다 · 217

필살기가 없으면 바로 망(亡)한다 · 219

고난의 시대, 외부 협업과 레버리지하라 · 221

닥치는 대로 살아가는 용기 · 223

내가 하고 결국 내가 해내야 한다 · 226

'태도'로 진검승부 하자! (Attitude is everything!) · 229

부자들은 하루에 네 끼 먹는다? · 231

자신만의 제3의 공간을 가지라 · 234

꿈, 도전, 성장은 나이와 전혀 관계없다 · 236

마음을 터 놓고 이야기 할 수 있는 사람은 소중하다 · 238

그래도 결국은 사람이다 · 239

에필로그 · 242

1장

뒤통수, 절대 사람 쉽게 믿지 말라

세상에는 좋은 인연보다 악연이 더 많다

그동안 이런저런 사회생활을 해 오면서 좋든 싫든 간에 인연을 맺었던 사람들을 생각해 보았다. 대부분은 잘 기억도 나지 않고 스쳐 가는 인연이었지만 나와 가정의 행복을 무너뜨리는, 아주 질이 좋지 않은 '악연'을 만난 때가 제법 된다.

나의 인생에도 죽을 때까지 잊지 못하는, 아니 잊히지 않는 한 인간이 있다(정말이지 그 인간을 기억 속에서 지워버리고 싶다). 나에게 금전적 피해와 마음속 상처를 준 그 인간은 사실 신경도 쓰지 않을 텐데… 언제나 상처받은 사람만 기억한다. 이럴 때는 분하고 억울하다. 그 억울함은 평생 없어지지 않을 듯하다. 사실 그러고 보면 악한 사람을 처음부터 알아보고 안 만나는 것이 좋겠지만 그것이 쉽지는 않다. 그래도 사람이 감이라는 게 있다. 다 맞는 것은 아니지만 그 감이라는 것이 무섭다. 혹시 주변 사람이 질이 안 좋은 조짐이 보이거나 사악한 사고와 행동을 보인다면 재빨리 분위기를 파악하고 인연을 단호하게 끊어 내야 한다. 물론 다들 먹고 사는 일이 얽혀 있어서 단번에 인간관계를 정리하는 게 쉽지는 않다.

얼마 전에 신문을 통해서 직장 내 괴롭힘을 당한 사람이 자살한 걸 보았다. 몹시 안타까웠다. 요즘과 같이 이직이 빈번한 시대에 직장을 옮기면 되는데 고민의 깊이가 깊어져서 그러질 못했던 것 같다. 젊은 나이에 생을 마감한 것 같아서 가슴이 매우 아팠다.

이직이 과거보다 빈번해지기는 했지만 사실상 직장이나 직업을 바꾼다는 것은 엄청난 스트레스로 작용한다. 정신 분야의 학자들이 조사해 놓은 스트레스 척도를 측정한 기준을 살펴보더라도 '해고나 실직', '사업이나 직업상 변화'가 생길 때면 스트레스를 받는 점수가 치명적일 뿐만 아니라 상당히 높은 위치에 있음을 알 수 있다.

하지만 그런데도 나의 정신과 육체적인 건강 그리고 행복을 보호하기 위해서라도 다소 힘이 들겠지만 자기만의 '출구전략'을 잘 세워서 그런 사람과는 악연의 끈을 일찍감치 마무리하기를 강력히 추천한다.

살아가면서 좋은 사람을 만나는 것보다는 좋지 않은 사람을 만날 확률이 매우 높다. 선하고 좋은 사람은 더욱더 좋은 사람이 돼서 선한 영향력을 발휘할 것이고, 좋지 않은 사람은 세월이 갈수록 점점 더 고약해지고 심지어는 매우 악해진다. 처음에는 여러분에게 작게 뒤통수를 치는 걸로 시작하겠지만 궁극적으로는 대놓고 무시하고 갑질과 앞통수까지 치면서 선한 여러분을 이용하고 지배하려고까지 할 것이 확실하기 때문이다. 선한 사람도 변하지 않고 악한 사람도 변하지 않는다. 사람은 절대 변하지 않는다.

전 세계를 뒤흔들어 놓았던 영화 오징어 게임의 내용 가운데 오일남 할아버지가 성기훈에게 하는 말 중에 "정말, 아직도 사람을 믿나?"라는 말이 계속 귓가에 맴돈다.

여러분은 '아직도 사람을 믿고 있나요?'

정신없이 치열하게 살아가느라 바쁜 줄은 알겠지만 잠시 멈춰서서 한 번쯤은 나 자신과 주변을 자세히 살펴보고 점검하는 시간을 갖는 게 무엇보다도 필요하다.

나 스스로에 대한 셀프 뒤통수

이 책을 쓰게 된 이유이기도 하다. 남에게 뒤통수를 맞는 것도 가슴 아픈 일이지만 살다 보면 이런저런 이유로 소중한 나 자신을 잘 살피거나 보듬지 못하고 사는 것이 현실이다. 어떤 경우에는 자기 자신을 방치하기까지도 한다.

나 역시도 나 자신에게 한 약속을 지키지 않는 경우가 사실상 빈번하다. 외국의 어느 저명한 경영컨설턴트가 사람이 바뀌기 위해서 '새로운 결심을 하는 것'은 가장 무의미한 행위라고 이야기했듯이 자신과의 약속을 어기는 경우가 너무나도 많다. 사람이 바뀌기 위해서는 결심을 하기보다 사용하는 시간, 살아가는 환경, 만나는 사람의 변화 등을 통해서 변화가 이루어지는 것이지 단순히 마음속으로 '결심'만 해서는 안 된다는 이야기에 크게 공감이 간다.

나도 그동안 이런저런 결심(새해는 물론 시도 때도 없이 많은 결심을 한다)을 했지만, 결심한 것을 실행해서 크게 이룬 것이 없다. 즉 나 자신에게 약속하고 그 약속을 이행하지 않는 '셀프 뒤통수'를 끊임없이 쳐 온 것이다.

이 글을 쓰게 된 계기 중 하나도 솔직히 나 자신에게 더 이상 셀프 뒤통수를 치고 싶지 않기 때문이다.

그동안 열심히는 살았던 것 같은데 결과적으로 보면 별로 이뤄 놓은 게 없다. 청년 때와는 다른 초조함과 불안이 계속 주변을 맴돈다. 다들 백세시대라고 하면서 앞으로는 정년퇴직의 나이를 한참 넘어서 현역으로 살아가야 한다는데 이런저런 고민이 많이 된다. 과거와 같이 더 이상 실패나 실수가 있어서는 안 되겠다는 결심과 다짐을 또 해 본다. 앞서 이야기했지만 '결심'만 하는 것은 큰 도움이 되지 않는다고 이야기했는데 결심하는 것 외에는 마땅한 대안이 없다.

내 인생에 있어서 더 이상 배신을 당하지 않고 뒤통수를 맞지 않기 위해서 이런저런 경험과 사례를 여러분들과 이야기해 보고자 한다.

인간 뻐꾸기가 세상에 너무 많다

뻐꾸기는 다른 새의 둥지에 알을 낳고 기르게 한다. 어미 새들이 자신의 알과 색깔이 비슷한 새의 둥지에 알을 낳고 뻐꾸기는 이를 이용한다. 일종의 착한 새를 속여서 자신의 지렛대나 숙주로 이용하는 것이다. 이렇게 다른 새의 둥지에 알을 낳고 기르는 것을 탁란이라고 한다.

세상을 살아가다 보면 주변에 뻐꾸기 같은 사람들을 종종 볼 수 있다. 겉으로는 매너 있고 마음이 부드러우며 유한 척하지만, 속으로는 뻔뻔하고 악하다. 워낙 그렇게 살아와서 자신이 뻔뻔하고 악한지도 모른다. 자신의 이익을 위해서 상대방을 계획적으로 속이며 유혹하고, 결국에는 뒤통수를 때리고 배신하는 뻐꾸기와 같은 이들을 항상 조심해야 한다.

뻐꾸기는 주변 지인, 유명인, 기업, 지식인, 인플루언서 및 책 등 다양한 형태와 방식으로 주변에 존재한다. 뻐꾸기들의 특징은 자랑, 희망, 유행, 심지어는 불안을 조성해 상대방에게서 자신의 이익을 철저하게 취하고 결과에 대한 책임은 절대로 지지 않는다는 공통점을 갖고 있다. 마음이 여리고 귀가 얇은 사람들이 주요 대상이 된다. 그들에게 접근한 후 '뒤통수'를 친다. 이것이 좀 더 심해지면 '사기'가 된다.

주변의 뻐꾸기들을 항상 조심해야 한다. 뻐꾸기들에게 당하지 않기 위해서는 민첩한 눈으로 주변과 사람들을 살펴봐야 한다. 요즘은 경제가 안 좋다 보니까 뻐꾸기들이 쉬지 않고 왕성하게 활동한다. 백세시대라면서 퇴직자들의 퇴직금을 노린 백세시대 뻐꾸기, 아직 정보가 부족한 청년들 등치는 청년 뻐꾸기, 창업을 스타트업이라고 멋지게 표현해서 회사를 박차고 나오면 무조건 성공할 수 있다는 창업 뻐꾸기 등 조금만 틈을 보이면 뻐꾸기들이 나와 가족이 어렵게 쌓아 놓았던 재산과 행복을 침범한다.

심지어는 이런 악질 뻐꾸기들에게 당한 뒤 정신력이 약해져 건강을 상하는 경우도 주변에 많다. 나는 그동안 너무나도 많은 뻐꾸기를 보아 왔다. 내가 너무 세상을 부정적으로 바라보는가? 아니다 내가 가장 좋아하는 말이 "주도적인 삶을 살자!"다. 회사 사무실 가운데에 걸어 놓을 정도로 난 주도적인 사람이 되기 위해서 항시 노력 중이다. 다만 사람들에게 올바른 정보와 균형감각을 가지고 도전해야 세상에 뒤통수 맞지 않고 성공할 수 있다는 이야기를 여러분께 말씀드리고 싶은 것뿐이다.

뒤통수를 맞게 되면 단순히 금전적인 손해뿐만 아니라 정신적 손해 그리고 더 발전할 수 있었던 기회를 상실해 버린 '기회비용'이 발생한다. 한마디로 대단한 손해를 보게 된다.

부자들은 '복리의 마법'을 누리면서 돈을 벌고 있을 때 뒤통수를 맞으면 마이너스 '복리의 저주(?)'를 받을 수 있다. 정말로 조심해야 한다. 젊어서는 약간의 실패가 약이 될 수도 있겠지만, 은퇴 시점이나 나이 들어서 맞는 뒤통수는 인생에 있어서 치명적이다. 사람을 너무 믿지 말기를 바란다.

그리고 젊어서도 뒤통수를 맞지 않는 것이 좋다. 실패로부터 배운다고 하지만 실패 없이도 잘 살아갈 수도 있다. 돈과 행복을 한번 빼앗기면 그것을 복구하는 데 너무나도 많은 시간과 에너지를 다시 써야 하기에 온 힘을 다해서 외치는 것이다.

얼마 전에 또 다른 형태의 뻐꾸기가 등장했다. 갖은 노력으로 마케팅 비용을 쏟아부어서 해외 진출을 성공적으로 이루어 놓았더니 돈이 되자마자 납품을 중지하겠다고 한다. 뻐꾸기를 능가하는 흡혈귀 같은 인간이다. 이제는 내성이 생겨서 웬만하면 놀라지도 않는다. 그동안 뒤통수를 이리저리 맞아서 맷집이 생겼나 보다. 동반 진출이란 멋진 약속을 하고 뻐꾸기처럼 남의 돈을 빨아먹고 자기 돈은 절대 손해 보지 않는다. 돈이 보이기 시작하자마자 바로 딴 사람으로 돌변한다. 당장은 이익을 보겠지만 오래 못 갈 것이다. 세상이 그렇게 녹록하지 않다. 사람을 믿는 것은 절대 주의해야 한다.

설마 했던 그 사람이 뒤통수를 친다

뒤통수를 치는 사람은 멀리 있는 것이 아니고 아주 가까이 있다. 사람들은 대부분 이런 반응을 많이 보인다. "설마 그분(사람)이 그럴 리가 있나?"

여러분을 아주 잘 아는 사람이거나 선한 여러분을 타깃으로 삼아서 의심이 가지 않게 접근하기에 나중에 당하고서야 알기 때문이다. 가수 이정현 님의 "설마 했던 니가 나를 떠나 버렸어."라는 가사가 귀에 맴돈다. 설마 했던 사람들이 배신과 뒤통수를 치기 때문이다. 그래서 후유증이 크고 오래간다. 모든 걸 의심하고 세상을 바라보라는 뜻은 아니다. 세상은 긍정적으로 살아가되 금전과 관련된 부분이나 양의 탈을 쓴 늑대와 같이 나쁜 의도를 가진 인간관계 등에 있어서는 냉철하고 객관적인 삶의 렌즈를 쓰고 아주 잘 살펴봐야 한다는 이야기다. 주변에 워낙 많은 사람이 뒤통수를 맞고 고생하기 때문이다.

세상에 공짜 점심은 없다

직장생활을 하면서 그동안 모아 놓았던 돈과 퇴직금 등을 합해서 잠시 여윳돈이 있었다. 안정된 직장이라서 정년퇴직을 목표로 입사했지만 내 마음대로 나의 뜻을 펼쳐 보고 싶어서 목표했던 정년퇴직보다 훨씬 이른 퇴직을 했기 때문이다.

그런데 말로만 들었던 '퇴직금 사냥꾼'이 있었다. 그들은 정말이지 퇴직금 냄새를 기가 막히게 맡는다. 아니 내가 조금 돈푼이라도 생겼으니 그런 분위기와 냄새를 피우고 다녔을지도 모르겠다. 솔직히 어느 정도의 목돈이 들어오니 마음이 든든하고 이 돈으로 투자나 사업을 해서 더 큰 돈을 벌고 싶다는 생각을 하고 있었다.

혹시라도 독자분 중에서 어떤 형태로든지 퇴직을 했다면 퇴직금에 대해서 매우 집중해서 주의를 기울이라고 말씀드리고 싶다. 자칫 소홀하게 관리한다면 어느 순간, 정말 한순간에 퇴직금이 사라져 버리는 마법을 경험하게 될 것이다.
퇴직하기 전에 동업 형태의 비즈니스를 하기로 했었다. 신뢰하던 동생뻘 지인으로부터 소개받았던 친구였는데 항상 만날 때마다 나에게 형님, 형님 하면서 간이라도 내 줄 것만 같이 행동했다(당시에도 좀 지나치게 나에게 극존칭을 한다고 생각했었다). 사업을 하기 위해서 막상 투자해 놓았는데 이 친구는 나를 보면 항상 어렵다고 이야기했다. 경험도 없었고 그동안 투자한 돈도 아까워서 (주식으로 치자면 본전 생각에 물타기라도 하는 심정으로) 추가로 자금이 들어갔다. 그 친구의 말을 전적으로 믿었었다. 결국은 그 친구에게 크게 뒤통수를 맞아 버렸다.

어느 날 사무실에 방문해서 이런저런 이야기를 나누는데 사무실 한구석에 그동안 보지 못했던 최고급 골프채가 떡하니 자리를 차지하고 있었다. 그 친구는 골프에 입문한 지 얼마 되지 않았었는데 고객 접대를 해야 한다면서 골프 라운딩을 너무 자주 나갔고 이야기만 하면 일보다는 골프 관련 이야기를 입에 올렸다.

얼마 있다가 다시 만날 일이 있어서 저녁 식사를 한 뒤 대리기사를 기다리고 있었다. 주차장에서 나오는 그의 차를 살펴보니 그전에 타고 다니던 차가 아니고 멋진 세단으로 바뀌어져 있었다. 디즈니 만화에서 본 지니의 마법이 이 친구에게 벌어지고 있었다. 그 지니의 속을 들여다보면 나의 투자금이었고, 아차 싶었지만 때는 이미 늦었다. 결국 그 사업은 쫄딱 망했다. 퇴직금을 투자했었던 나로서도 물론 크게 손해를 봤고 상실감이 이루 말할 수 없었다. 그게 직장생활을 그만두고 시작한 첫 사업의 쓰라린 기억이다. 퇴직금은 눈먼 돈이라고 누가 이야기를 하던데 딱 그 케이스를 정말 진하게 경험한 것이다.

쉽게 생긴 돈(쉽게 번 돈은 사실상 없으니 쉽게 돈을 벌려고 생각하는 돈이라 해야겠다)은 쉽게 나간다고 하더니, 온 힘을 다해서 내 땀을 쏟아부어야 겨우 사업을 유지하고 그나마 성장할 수 있는 것인데, 노력을 최소화하면서 '손 안 대고 코 풀기' 심정으로 쉽게 코 풀려다 무턱대고 세게 코를 풀어서 그 압력으로 눈 혈관이 터져 버린 격이다. 역시 쉽게 벌려고 투자한 돈은 눈 깜박할 사이 증발해 버렸다.

나름 직장생활을 하면서 이런저런 경험을 많이 하고 나왔지만, 사업을 하는 것은 직장생활과 전혀 다른 근육을 사용하는 것을 처음 깨달았다. 뒤통수를 맞는 일이 그 일 이후에 더 이상 없을 줄 알았는데 이제 와 생각해 보니 이것이 뒤통수의 시작이었다. 노벨경제학상을 받았던 경제학자 밀턴 프리드먼이 이야기한 '세상에 공짜 점심은 없다'라는 말은 정말이지 옳았다.

뒤통수는 '경계성 사기'다

당뇨병은 참 무서운 병이다. 당뇨는 잘못 관리하면 대사증후군, 혈관질환과 심장병, 심할 경우 췌장암 등으로 이어지는 침묵의 살인자라고 이야기한다. 그만큼 건강하고 행복한 삶에 치명적인 영향을 끼친다.

당뇨보다 조금 낮은 당뇨의 바로 전 단계가 '경계성 당뇨'다. 조금만 소홀히 관리하면 바로 당뇨환자가 되는 것이다. 뒤통수는 당뇨로 비유하자면 사기의 바로 전 단계인 '경계성 사기'라고 할 수 있겠다. 사기처럼 법적으로 소송을 제기하지는 않지만, 삶에 몹시 나쁜 영향을 미친다. 사실상 거의 사기와 같다고 할 수 있겠다. 오히려 사기는 법적으로 해결하려는 노력을 기울이겠지만 뒤통수란 이 녀석은 법적으로 해결하기도 어렵고 손해는 손해대로 다 보는 아주 교묘하고 애매한 회색지대 위치에 있다.

그래서 알면서도 계속 당하고 있을 수도 있고 당하고 나서도 잃어버린 기회와 손실 등을 다시 복구할 수 없는 애매한 경우가 많다. 주변에 나와 가족에게 뒤통수를 치는 사람이 있는가를 끊임없이 살펴봐야 하는 이유이기도 하다. 그들은 '경계성 사기꾼'이기 때문이다.

뒤통수를 한 대 후려치고 싶은 사람들

음주단속 안 걸릴 정도로 술 마시고 운전하면서 자신은 운이 좋은 사람이라고 말하는 나쁜 사람

자기 먹은 쓰레기 안 치우고 가는 사람

공동사용 구역을 자기 공간인 듯 사용하는 사람

편의점, 마트에서 앞 사람 계산하는 것 기다리지 못하고 뒤에서 불안하게 압박하는 사람

앞 차에 양보하는 나에게 미친 듯이 경적을 울리는 사람

새치기를 습관적으로 하는 사람

甲질하는 인간, 그리고 乙질하는 인간

빌려준 돈 갚지 않고 고급 외제 차 타고 골프 치는 사람

너한테만 알려 주는 비밀이야 하면서 여러 사람에게 알려 줘서 결국 피해를 주는 사람

주식 종목 추천하고 자기는 다른 주식 종목으로 갈아타고 알려 주지 않는 사람

말도 안 되는 무리한 요구나 요청을 해서 주변을 괴롭히며 갑질하는 사람 – 더러워서 모른 척하고 요구사항을 들어주는 것인데 본인은 근성 있는 사람, 전략적인 사람, 결국 이기고야 마는 사람이라 착각하면서 계속 그 짓거리를 하고 다닌다. 그들은 일종의 스토커

법인카드로 배가 터질 정도로 찢어지게 먹는 사람

앞으로 다시는 그럴 일이 없겠다고 고개 숙여 사과했던
그때 그 인간 (인간은 안 변한다. 또다시 그 짓거리를 한다)

셀 수 없이 많은 일들이 주변에서 일어난다.
그들은 자기 이익만을 생각하면서 남을 끊임없이 침해한다. 그렇게 하는 게 문제인지 인식을 못 한다(간혹 알면서 일부러 하는 이들도 있다). 이들은 소수지만 정말 강하다. 좀비처럼 지치지 않고

왕성하게 활동하기 때문에 선한 사람들이 살아가면서 피해를 보게 된다.

얼마 전에 '사람은 고쳐 쓰는 게 아니다'라는 책을 읽었다. 반짝거리는 아이디어가 많은 작가님인 것 같다. 특히 '우린 애초에 고장 난 적이 없기에'라는 부제목을 읽고 '아하!' 하면서 감탄했다. 그렇다. 사람은 생긴 대로 살고 잘 변하지 않는다. 뒤통수나 사기를 치는 사람은 쉬지 않고 뒤통수를 친다. 반성하거나 절대 나아지지 않는다. 언젠가 사기를 치는 사람들의 재범률이 상상을 초월하게 높다는 기사를 접하고 매우 놀란 적이 있다. 같은 죄를 반복해 저지르는 것 중 교통 범죄에 이어서 사기가 두 번째라고 하니 사기의 전 단계인 '경계성 사기'라 할 수 있는 뒤통수는 사실상 통계로 집계가 되지 않아서 그렇지 엄청나게 자주 이루어지고 있을 것이다.

뒤통수를 치고 다니는 좀비들은 아주 사소하고 작은 뒤통수로 시작해서 성공 확률을 확인하고 점차 발전해 끝내는 아주 큰 사기로까지 발전한다. 뒤통수치는 인간들과 사기 치는 인간들이 주변에 생각보다 많다. 그것도 매우 가까운 곳에 있다. 그들은 겉으로는 매우 온화한 미소를 지으면서 다정하게 다가온다. 정말 조심해야 한다.

친인척, 때로는 타인만 못하다

대부분 친인척간에 좋은 관계를 유지하겠지만 일단 돈이 걸려 있으면 서로 불화가 싹트기 시작한다. 돈이란 것이 잘못 관리가 되면 없던 불화도 생긴다. 그놈의 돈이 원수다, 원수.

내가 아는 지인 중에 청년 CEO들이 제법 많다. 일찍부터 사회에 뛰어들어서 시행착오를 겪고 경험을 쌓아 가는 분들이다. 최근 들어서는 대학교를 입학하지 않고 아주 어린 나이에 사업을 시작하는 분들도 있고 대학교에 다니면서 휴학하고 사업을 시작했는데 예상했던 것보다 잘돼서 복학하지 않고 사업에 전념하는 분들도 종종 있다. 그분들이 빌 게이츠나 메타 설립자 저커버그처럼 큰 성공을 해서 학교로 다시 복학하지 않기를 진심으로 바란다.

이런저런 이야기를 서로 나누다 보니 '아버지가 동생과 사업을 함께 했는데 두 사람 간에 의견이 맞지 않아 결국에는 소송으로까지 가게 되었고 그 충격으로 아버지께서 건강을 상하게 돼서 다니던 학교를 휴학하고 할 수 없이 작게 사업을 시작하게 되었다'라는 사연을 들었다. 동업을 하거나, 투자 관계로 이루어지거나, 항상 금전 관계가 중간에 끼어 있으면 문제가 발생할 가능성이 매우 높다.

혹시라도 잘되면 잘되는 대로 자기의 공이 더 크다면서 다투는 문제가 생기고 안되면 서로 탓을 하게 되기 때문에 더욱 심각하게 해결해야 할 큰 문제가 발생하기 때문이다.

친인척간의 뒤통수는 매우 치명적이다. 돈도 잃고, 좋았던 친인척 관계도 해체되고 무엇보다도 혈육 간에 뒤통수를 맞으니, 화가 나서 제일 소중한 건강을 잃기 때문이다. 친인척간의 비즈니스는 가능하면 피하는 것이 좋다(비용 절감을 위한 가족경영은 일부 예외).

조카, 동생 등 친인척을 채용하거나 함께 일할 생각을 하고 있다면 절대 반대한다. 서로 간에 내 마음을 잘 알아주겠지, 하고 시작했다가 대부분 서로 섭섭함만 크게 돼서 결국에는 나쁜 감정을 갖고 헤어지게 된다. 안 그런 사람은 극히 소수다.

먹이사슬을 함부로 건들지 말라

여러 다양한 분야의 사업과 컨설팅을 하면서 느낀 점이지만 어느 곳에 가든지 '먹이사슬'의 구조가 존재한다. 조직에서는 학연, 혈연 또는 함께 근무했었던 팀원들 간에 어느 한 사람이 잘나가면 그 사람 뒤로 줄을 서고 그 이너서클에 들어가기 위해서 같이 술도 마시고 운동도 한다. 때로는 관혼상제에 친인척보다 민첩하게 뛰어다니면서 미래를 위해서 자기 자신을 희생하며 봉사한다. 요즘은 전보다는 눈에 띄게 줄어들었지만(당연히 그래야만 한다) 그래도 돈과 권력을 추구하는 인간의 본질상 형태를 달리할 뿐이지 없어지지는 않을 것이다.

사업을 하며 새로운 거래처와 일을 하다 보면 제삼자 관점으로 살피기 때문에 많은 허점과 비합리성을 발견하게 된다. 그런데 이럴 때 조심해야 한다.

조선시대의 충신 성삼문이라도 되듯이 옳은 말을 하고 눈에 띄게 개선을 주장하다 보면 기존에 배타적 사익을 추구하던 먹이사슬 구조에서 멤버들의 긴장을 불러오게 된다. 결국에는 혁신하고자 하는 사람을 어떤 형태로든지 불이익을 당하게 하고 내보내려 안

간힘을 쓴다. 겉으로는 온화한 미소를 지으며 음흉하게 뒤통수를 치기 시작한다. 그들도 모르지 않는다. 일부러 개선과 혁신을 하지 않는 것이다. 많은 이해관계가 서로에게 걸려 있기 때문이다.

한번은 멋도 모르고 기세 좋게 혁신한다며 고객사 분들에게 옳은 말과 개선점을 이야기하다가 정확하게 세 번 정도 모가지가 날아갔다. 말 그대로 잘린 것이다. 옛날 말을 하기 싫어하는 편인데 눈치 없이 '역린'(용의 목 아래 거꾸로 난 비늘)을 제대로 건드린 것이다.

어떤 사회나 조직이든 더러운 먹이사슬이 존재한다. 그들에게는 소비자나 고객의 이익은 중요치 않다. 자기들의 이익이 더 중요하다. 아주 조심해야 한다. 그들은 고객의 만족과 조직의 성장과 발전이라는 기본적인 목적보다는 그들의 이익을 위해서 뭉치고 배척하며 서로 맹종한다. 거의 사이비 종교와도 같다. 그들은 회식과 술자리 그리고 주말까지 함께 운동하면서 그들만의 리그를 조성하고 이를 '관계력', '팀워크'라고 포장한다.

이왕 옛 단어를 사용한 김에 '위록지마'라는 사자성어도 이야기해 본다. 진나라 당대의 실세인 환관 조고는 자신의 힘을 시험해 보고자 황제 앞에 사슴을 가져다 두고 이것은 말이라고 하며 말이라 하지 않은 사람들을 눈여겨 두었다가 해를 입혔다는 이야기다.

돈과 권력에 맹종하는 사람들은 눈앞에서는 물론 보이지 않는 곳에서 뒤통수를 끊임없이 쳐 댄다. 거의 탁구 선수들이 핑퐁 랠리를 하듯이 말이다.

언뜻 생각나서 하는 말인데 일부 비서나 보좌를 하는 분들은 왜 본인이 회장이나 사장이 된 듯이 착각과 행동을 하는지 모르겠다. 그들이 술에 취했을 때나 화가 나서 이성을 잠시 잃었을 때 가장 많이 하는 말이 "내가 누군지 알아?"다.

그럴 때 나는 늘 (왕석현 배우님의 아역 때 썩은 미소를 지으면서) 속으로 생각한다. 그래 알아 너무 잘 알아. 수행 비서잖아. 대표, 장관, 회장 등 높은 사람 수행하고 뜻을 잘 받들어서 모시고 월급 받는 사람. 어디서 본 것은 있어서 갑질은... 이 세상에는 여우가 호랑이 흉내내는 '호가호위'하는 사람들이 은근히 많다.

아마존의 설립자 제프 베이조스가 아마존이 세계 일류기업이 된 이유가 고객에게 비이성적일 정도로 강박을 갖고 집착해야 최고의 경쟁력을 갖출 수 있다고 하는데 이들에게는 고객은 안중에도 없고 서로의 먹이사슬에만 비이성적으로 집착하고 있으니, 걱정이 많이 된다.

다행인 것은 디지털 혁신과 AI가 비약적으로 발전하고 합리성과 투명성을 추구하는(그들이 항상 이상하다고 이야기하는) 새로운 젊은 세대들의 등장으로 조금씩 세상이 변화되고 있다는 점이다. 다시 한번 희망을 걸어 본다.

뒤통수는 사람을 가리지 않는다

뒤통수를 맞는 것은 귀가 얇고 순하고 남의 말을 잘 듣는 사람들에게만 해당한다고 생각할 수 있다. 그건 맞는 말이다. 확률상 남을 배려하며 마음이 여리고 순진한 사람들이 사기를 당하거나 뒤통수를 맞을 확률이 높은 것은 사실이다.

그런데, 그런데 말입니다. 주위를 잘 살펴보면 다들 말을 하지 않아서 그렇지, 냉철하고 똑똑한 사람들도 뒤통수를 맞는 경우가 생각보다 많다. 그런 사람들은 웬만해서는 흔들리지 않고 자기의 갈 길을 가는 사람들이다. 자신만의 확고한 철학을 갖고 어느 정도 부와 위치를 이루어 놓았고, 그들은 성향상 남의 말을 믿지도 않고 자기 자신을 믿는 경향을 보인다. 하지만 그들을 먹잇감으로 하는 사람들은 따로 있다.

돈이 적고 많음과 관계없이 부족한 사람은 안정을 찾을 만큼 부를 희망하고, 많이 가진 사람들은 좀 더 큰 부를 항상 원한다. 인간의 욕심은 한도 끝도 없다.

그들을 대상으로 뒤통수를 치는 사람들은 전문가, 유명인 또는 권위자거나 그들보다 더 큰 부자거나 그들보다 사회적으로 대부분 우위에 있다. 그런 사람들이 자기에게 뒤통수나 사기를 칠 것이라고는 전혀 상상할 수 없다. 그래서 한번 이 케이스에 걸리면 당하는 사람들은 무방비 상태로 타격이 크게 온다. 그동안 축적했던 재산이 있었을 것이니 뒤통수를 맞는 규모도 일반인이 뒤통수를 맞는 규모보다 상당히 크고 치명적이다.

그들은 일반적으로 뒤통수를 치는 사람보다 전문적이고 매우 합법적이다. 얼핏 보면 뒤통수나 사기라고 느껴지지 않도록 정교하고 대단하게 포장해 접근한다. 그러나 결국에 잘 들여다보면 남의 돈을 이용해서 더 큰 자기 이익을 위해서 뒤통수를 치는 것이다. 하지만 그 사실을 알면 이미 때는 늦은 경우가 대부분이다.

그들은 화려한 언변과 모습을 보이고 전문성까지 겸비했다. 뒤통수를 맞은 사람들은 사회적 지위와 체면상 어디 가서 소문도 내지 못하고 이러지도 저러지도 못한 채 속앓이를 하고 마무리되는 경우가 대부분이다. 그들이야말로 진정한 '뒤통수 고수'다. 그렇게 나쁜 짓을 해 놓고도 호화롭고 위풍당당하게 사회생활을 하고 남을 망친 대가로 얻은 부를 등에 업고 이리저리 세상을 휘저으면서 다닌다. 그들은 자기들의 뒤통수가 법률의 사각지대에 놓여 있다는 것을 알고 교묘하게 불법과 합법의 경계에서 쉬지 않고 움직이면서 다음 먹잇감을 찾는다.

반복해서 하는 이야기지만 사람을 함부로 믿어서는 안 된다. 지위나 명예가 있고 돈이 많은 사람들과 함께하고 교류하는 것은 좋으나 그들과 함께 어떤 일을 도모하고자 할 때는 냉철하게 생각하고 판단해야 한다. 물론 잘되는 때도 있다. 하지만 안될 경우도 반드시 대비해야 한다는 것이다.

주변에서 이름만 대면 알 만한 사람과 일을 도모해서 평생 일궈놓은 부와 명예를 잃고 가족까지 해체되는 걸 종종 보았다. 매우 안타까운 일이다. 그러나 난 어느 정도 예견은 했다. 왜냐하면 그 사람이 그런 유명인들과 교류하더니 자기도 그들과 같은 부류의 사람이 되었다고 착각하기 시작했고 기존에 관계를 맺었던 주변 사람들에게 이상 행동을 하기 시작했었기 때문이다(하지만 정작 이상 행동을 하는지 본인은 모른다). 이 정도 되면 주변 사람이 어떤 조언과 충고를 해도 절대 듣지 않는다.

원래 가진 게 많을수록 남의 말에 귀 기울이는 것이 쉽지 않다. '경청(傾聽)'을 잘하는 사람은 사실상 윗사람보다는 아랫사람이고 윗사람이라면 아주 겸손하거나 (당장은 숨기고 있지만) 더 크고 높은 자리로 올라가고 싶은 야망이 많은 사람일 가능성이 높다. 자신이 힘이 있음에도 경청을 잘하고 남의 의견에 귀 기울이고 옳게 행동하는 사람은 확률상 매우 적다.

고객은 항상 '헤어질 결심'을 한다

이사 온 집에서 처음에는 몰랐는데 조금 이따 보니 비둘기가 울어대는 소리가 들리기 시작했다. 처음에는 별로 신경이 안 쓰였는데 아침 일찍 부지런하게 구구거리며 울어대서 아침잠을 자주 설치게 되었다(아직도 야행성이라 늦은 시간에 잠자리에 든다). 살펴보니 창문 바깥 에어컨 실외기에 비둘기들이 자리 잡고 있었다. 측은하기도 했지만 어떻게든 조치해야겠다 생각하고 이리저리 알아보다 단순한 조치보다는 시스템적인 조치가 나중에 일을 두 번 하지 않는다고 해서 비둘기가 없는 틈을 타 전문가를 불러서 '비둘기 방충망'을 설치했다.

오후에 집으로 온 비둘기들이 방충망이 쳐 있는 것을 모르고 날아오다가 진입하지 못하는 모습을 봤다. '그렇지, 살다 보면 어쩔 수 없는 때가 있어. 약간의 가슴 아픔은 있는 거야. 좀 힘들더라도 잘들 적응해서 살아가길 바란다.' 생각하면서 비둘기에게 큰 존재감을 발휘하면서 문제를 해결했다. 그 뒤로는 조용한 환경에서 잠을 깊이 잔 것은 물론이다.

모 기업과 좋은 관계를 유지해 왔다. 서로 성과도 좋았고 관계도 좋았다. 얼마 전에 담당자가 바뀌었다. 오가면서 안면은 어느 정도 있던 사람이었다. 함께 미팅하고 일을 진행하는데, 권위적이고 뭔가 느낌이 좋지 않았다. 아! 이런 분위기와 느낌은 대부분 맞던데.... 이 사람이 조만간 나한테 해를 끼치겠다는 생각이 들었다. 그 예상이 현실이 되는 건 그리 길지 않았다. 얼마 지나지 않아 그는 이런 저런 논리를 짜서 나에게 방충망을 쳤고 나는 졸지에 비둘기가 되었다. 내가 얼마 전에 비둘기에게 큰 존재감을 발휘한 것처럼 나에게 '계약 해지'란 날벼락을 내려 막강한 존재감을 발휘했다.

"나 완전히 새 됐어!" 가수 싸이의 노래가 귓가에 맴돈다. 그렇지 졸지에 비둘기 신세가 되었으니까. 세상 사는 것이 뜻대로 잘 안 된다. 제대로 크게 뒤통수를 한 방 먹었다. 내상이 생각했던 것보다 매우 깊다. 뭐라도 먹고 살려면 영업하러 가야겠다.

항상 느끼지만 고객의 마음을 사로 잡고 유지하는 것은 언제나 어렵다. 대부분의 고객은 시기의 문제일 뿐이지 항상 '헤어질 결심'을 한다. 헤어지면서 그 이유도 잘 설명해 주지도 않는다. 소중한 인연의 끈이 잘 유지될 수 있도록 미리미리 좋은 관계와 서비스를 제공하고 불편함이 발생되지 않도록 선제적으로 혁신을 해야만 한다.

UFC, 약하면 바로 당한다, 인간의 더러운 본능

UFC, MMA 등 종합격투기를 볼 때면 매번 느낀다. 정말 잔인하게 상대방의 약점을 공략한다. 눈이 찢어져서 피가 나면 눈 부위를 집중해 공격하고, 다리를 가격해서 절름거리면 잔인하게 그 아픈 부위만 집중 공격을 해서 상대방을 거의 불구가 될 정도로 가격한다. 아무리 그것이 직업이라지만 보고 있으면 여러 가지 생각이 들지 않을 수 없다. 먹고 사는 문제가 달려 있으니 그게 맞는 일일 테지만....

종합격투기는 그나마 심판이라도 있어서 룰에 따라 하는 것이지만 살아가다 보면 약한 사람을 집요하게 물고 늘어져서 못살게 하는 인간들이 있다. 한마디로 악질이고 질이 낮은 사람들이다.

물리적으로나 언어적으로 폭력을 행사하는 수준 낮은 사람들도 있지만, 자신이 가진 지위와 권력을 이용해서 남을 못살게 구는 지능만 높고 질 낮은 인간들도 생각보다 많다. 특히 직장생활의 예를 들자면 상대방이 계약직이나 파견직일 경우 교묘하게 정규직과 차별해서 지저분한 공격을 가한다. 이건 공격도 아니고 저질스러운 짓이다. 정규직 구성원들에게는 용기가 나지 않는지 무서워서 시도조차 하지 않는다. 가장 약한 사슬이라 생각되는 사람들을 한시적으로 주어진 말도 안 되는 직장 내 작은 권력을 이용해서 괴롭히고 희망 고문을 한다. 정말이지 치사한 인간들이다.

뉴스를 보다 보면 술과 관련된 폭력 사고가 발생하는 경우가 있는데 잘 살펴보면 자기보다 힘이 약한 사람과 지위가 낮은 사람에게만 폭력을 가한다. 저항하기가 힘들다는 것을 알고 악의적 의도성을 갖고 행동한다. 술 마시고 무의식 상태에서 벌어진 일이라고들 발뺌하는데 범죄도시 주인공인 마동석 배우처럼 크고 건장한 사람들 앞에서는 술이 만취가 돼도 꼼짝을 못 한다. 힘이나 권력이 세다고 생각되는 사람을 피해서 약한 여성이나 노인, 심지어는 아이들에게 말도 안 되는 이런저런 폭력을 가한다. 술을 아무리 마시고 기억이 안 나도 자기보다 센 사람은 건드리지 못한다.

사람을 속이는 사기나 뒤통수를 치는 일도 항상 약한 사람을 대상으로 행해진다. 선하고 순진한 사람, 남의 말을 잘 믿는 사람, 혹시 잘못돼도 뭐라 못 할 것 같은 아주 착한 사람들이 주요 대상이다. 법적 이슈를 제기할 것 같은 사람, 힘이 센 사람은 본능적으로 교묘하게 피한다.

세상을 살아가며 너무 선하게 살면 힘든 경우가 많이 발생한다. 이 세상은 사실 동물의 왕국 축소판이다. 특히 돈과 권력이 껴 있으면 극히 일부 점잖고 이성적인 사람들을 볼 수 있기도 하지만 대부분 동물의 야성과 이기적인 본능을 드러낸다. 하이에나처럼 한번 물면 놓지 않는다. 사자처럼 단 한 번에 끝내지도 않는다. 치근덕거리면서 더러운 짓은 다 한다.

뒤통수를 맞는 것은 항상 시기가 언제냐일 뿐이다. 뒤통수 맞는 게 생략될 수는 결코 없을 것이다. 공부하고 경험해서 덜 맞고 살아가는 게 모든 면에서 좋다. "Never trust anyone!" 사람을 함부로 믿지 말기 바란다.

반가운 전화인 줄 알고 받았는데

회사의 업무 특성상 외부 현장에서 일을 진행하는 경우가 많다. 나도 그렇고 구성원들도 외근으로 회사에 부재중일 때가 많아서 회사 전화를 휴대전화로 연결해서 받고 있다.
며칠째 전화가 오지 않아서 '혹시나 내가 전화 연결을 잘못한 건 아닐까?' 하는 마음으로 조심스럽게 회사번호로 전화를 걸어 보니 바로 잘 걸린다(이럴 때는 내가 코미디언 미스터 빈이라도 된 것 같다는 생각도 든다). 아쉬움을 남기면서 회사 마케팅이 부족해서일까? 최근 들어서 문의 전화가 오는 일이 줄어들어 속이 많이 상한다. 얼마 전에 비둘기 신세도 되고 해서 영업을 더 열심히 해야 하는데....

오랜만에 전화가 와서 주문 전화인 줄 알고 활기찬 목소리로 반갑게 전화를 받으니, 무언가 쫓기는 듯한 절박한 목소리의 영업 전화다. 속에서는 울화가 치밀어 올랐지만 마음을 달래가며 점잖게 마무리했다. 그 사람도 먹고살아야 하지 않겠는가! 불(不)경기가 아닌 불과 같이 활활 타오르는 불(火, 불화)경기가 되면 정말 여러 사람이 마음 편하고 참 좋겠다.

지인이 돈 꿔 달라고 할 경우

"절대 돈 꿔 주지 말라!
돈도 잃고 사람도 잃고 자신의 건강도 잃는다."

가족, 형제가 돈 빌려 달라고 할 경우

"결국 못 받는다!
내가 감당할 수 있는 금액 내에서
(빌려)주고 바로 그 기억 자체를 지워라!"

돈 꿔 준 사람과 돈 꿔 간 사람의 우선순위

돈 이야기가 나와서 하는 이야기인데 돈을 빌리거나 빌려 줄 때는 다들 절박하고 여러 가지 말 못할 사정들이 있을 것이다. 그럼에도 불구하고 금융기관의 문턱이 높아 주변에서 가장 신뢰할 만한 사람을 고르고 골라서 정말 힘들게 부탁했을 것이다. 부탁을 들어주는 사람의 상황에서도 여유가 있으면 있는 대로 어떤 경우는 본인들도 살기가 힘든데도 그 사람과의 그동안 관계를 고려해서 돈을 빌려주는 경우가 많다.

하지만 이 돈이라는 게 일단 주고받게 되면 참 묘한 상황이 연출된다. 일단 돈이란 것이 둘 간의 관계에 걸쳐 있으면 그전 관계와는 전혀 다른 차원의 관계가 형성된다고 생각하는 게 옳겠다. 이것은 일부러 그러는 것이 아니라 자연스럽게 그렇게 된다. 참 얄궂다. 돈이라는 게 일단 건네준 돈은 법적 장치를 아무리 잘해 놓아도 잘 돌아오는 경우가 거의 없다. 돈을 빌린 사람은 줄 생각이 별로 없으며, 빌려준 사람만 받을 생각에 전전긍긍한다. 혹시라도 아주 작은 확률로 받게 되면 찔끔찔끔 나눠 받게 돼서 이도 저도 못 쓰는 돈이 되어 버린다. 빌려 간 사람 중에 이자까지 챙겨서 주는 사람은 거의 없다. 서로 간의 우선순위가 크게 다르다.

돈이 없어서 불가피하게 갚지 못하는 경우가 대부분이겠지만, 어떤 경우는 갚을 돈이 있음에도 불구하고 갚지 않는다. 갚을 의지가 전혀 없다. 안 갚아도 되고 자기 돈이라는 착각을 하는 것이다.

아주 작은 돈이라면 모르겠으나 큰 금액의 돈을 빌려줄 때는 매우 조심해야 한다. 그동안 피땀을 흘려서 모아놓은 재산을 날리는 경우가 허다하기 때문이다. 돈뿐만이 아니라 건강을 잃고 또한 이와 관련돼서 망가지고 해체되는 것이 수없이 많다. 그것을 감내해 낼 자신이 있으면 돈을 빌려줘도 된다.

나는 오늘 마술사가 되었다

유명한 기업의 인사담당자에게서 급하게 전화가 왔다. 조직 내 의사소통이 너무 안 되고 구성원 간에 갈등이 너무 심해서 생산성이 안 좋아지고 있다면서 특강을 부탁한다. 2시간 특강으로 소통 잘되는 회사로 거듭나게 해달라고 하면서 이런저런 회사 사정을 전한다.

"소통이 잘될 수 있도록 할 수 있으시겠죠?" 하면서 절박한 질문을 나에게 던진다. 나는 이은결 님, 최현우 님과 같은 실력 있는 마술사도 아닌데 정말 난감하다. 그래도 나는 할 수 있다고 자신 있게 대답한다. 드디어 마술사가 되기로 결심한 것이다. 먹고살기 위해서 심리학에서 '하얀 거짓말'이라고 하는 '선의의 거짓말'을 했다. 오늘 아침에도 "모두 좋은 아침!"이라고 구성원들에게 하얀 거짓말을 했었다.

얼마 전 뉴스에서 해외 유명 대학의 심리학자들이 거짓말하는 횟수의 차이가 있을 뿐 인간은 매일 매일 거짓말을 하고 살아간다고 하는데 이것으로 조금 위안을 삼아야겠다. 의도야 어찌 되었든 거짓말을 한다는 것 자체가 마음에 찜찜함을 남긴다. 내 마술이 통하면 정말 좋겠다.

이 세상에는 '꽃미남'이 아주 많다.

미운 사람에게 떡 하나 더 준다는 속담이 있다. 앞에서 하얀 거짓말이라는 이야기를 했는데 잠시 주어진 권력과 돈을 가지고 갑질을 하거나 장난을 일삼거나 심지어 약한 사람의 뒤통수를 치는 사람들에게 너의 비매너와 몰염치를 용서하노라, 하듯이 만나게 되면

"전에 몰라봤는데 정말 꽃미남이세요."
"꽃미남이라서 그렇게 말씀하시나 봐요."
"정말 꽃미남이세요."라고 꼭 말하라.

권력이나 부를 가진 사람들은 주변에서 하도 그들에게 비위를 맞춰 줘서 자기들이 주제 파악을 못 하고, 정말 잘생기고 멋진 줄 안다. 정말 그렇다. 그런데 차고 있던 완장이 떨어지거나 가지고 있던 부가 사라지는 순간 그걸로 끝이다.

너무 아름다운 남자인 꽃미남을 프랑스어로 소리 나는 대로 말하면 '시밸롬(si belle homme)'이라고 얼마 전에 방송에서 보았다. 재미있는 표현이네, 이거.

"이 세상에는 시밸롬(꽃미남)이 너무나 많다."

2장

인생은 끊임없는 뒤통수의 연속이다

새치기, 뒤통수, 사기 치는 사람은 한 사람이다.

나는 사람에 대한 호기심이 많다. 그래서 아주 조용히 사람의 패턴을 분석하는 것을 무척이나 좋아한다. 그런데 곰곰이 살펴보니 주변 사람을 기분 나쁘게 만들고 한발 더 나아가 주변인들의 뒤통수를 쳐서 그들의 행복을 빼앗고 마침내는 사기를 쳐서 법정 공방으로 몰고 가는 사람들은 전체적으로 보았을 때 큰 비중을 차지하지는 않는다는 걸 발견했다.

예를 들면 이렇다. 지하철에서 크든 작든 통화를 하면서 불쾌하게 하는 사람이 임산부나 노약자도 아니면서 그 자리에 앉아 있고, 그 사람이 운전할 때는 앞차가 사정이 있어서 출발이 조금이라도 늦게 되면 경적을 길고 크게 자주 빵빵거려서 스트레스를 주는 것이다(이들은 장애인, 노인 등 사회적 약자가 하차하는 것을 양보할 마음이 전혀 없다). 때로는 앞차가 경적을 안 누르면 참지 못하고 뒤에서 대신 경적을 눌러 대는 경우도 많다.

도로 운전 중에 깜빡이를 켜고 차선을 변경할 때도 그 사람은 100미터 달리기 출발 총성을 들은 것처럼 엄청난 속도로 달려서 위험하게 진입을 가로막을 것이고 주차할 때도 옆 차가 편하게 주차하지 못하도록 교묘하게 이중주차를 할 것이다. 이 많은 것을 하루 동안 하는 것은 다수가 아닌 어느 한 사람이다. 그 사람은 원래 집중적으로 나쁜 일을 하고 그것을 다해 낸다. 조금의 거리낌도 없고 양심의 가책도 없다. 원래 그런 사람이다. 작은 일상생활 속에서 뒤통수를 치다 매번 성공하고 제지를 받지 않으면 점점 대담해지고 간덩이가 커지면서 크게 뒤통수를 치는 것으로 발전해 나간다. 결국에는 사기 단계로 가는 잠재 능력을 확보하는 것이다.

뒤통수치는 인간은 소수다. 하지만 이들이 인간 생태계를 이리저리 다니면서 물을 흐린다. 눈앞의 작은 이익과 돈 때문이다. 이런 사람이 주변에 있다면 바로 멀리해야 한다. 혹시 멀리할 수 없는 환경이라면 탈출 계획을 잘 세워서 반드시 그 사람과 헤어져야 한다. 그 사람은 절대 나아지지 않고, 절대 변하지 않는다.

친구는 과연 뒤통수를 치는가?

사업을 하거나 조직에서 일을 추진할 때면 아는 지인이나 친구와 비즈니스를 하게 되는 경우가 있다. 이럴 때 보면 대부분 비즈니스도 잘못되고 친구 관계도 금이 가게 되는 경우가 많다. 서로 친밀하게 아는 사이이니 객관적으로 상황과 현실을 바라보기가 매우 힘들고, 설사 냉정하게 객관적으로 이야기를 나누게 되면 "네가 나에게 어떻게 이럴 수 있냐?" 아는 사람이 더하다면서 갑질을 한다고 한다. 오해와 반목이 깊어져 심하게는 원수(?)가 돼서 서로를 욕하고, 최악에는 소송으로까지 번지게 되는 경우를 보게 된다.

사람의 마음이란 것이 참 묘해서 개중에는 일이 너무 잘돼도 나중에 뒤통수를 치기도 한다. 친구가 잘되는 게 배가 아픈 것이다. 본인이 의뢰한 일이 잘된 것은 기쁘지만 그것을 기반으로 친구가 다른 곳에서 큰돈 버는 걸 기분 좋지 않게 생각하는 사람들도 있다. 이해가 가지 않겠지만 생각보다 많다. 자기보다 잘되는 게 싫은 것이다. 지금 당장은 아니라도 앞으로도 나보다는 잘되지 않아야 한다고 생각한다. 내가 이상한 사람으로 보이겠지만 살다 보면 별꼴을 다 경험하게 된다. 너무 사람을 좋게만 보지 말기를 바란다. 친구는 그냥 친구로 지내기를 진심으로 바란다.

3의 법칙, 인간 하이에나를 조심하자

아주 예전에 컬투쇼란 라디오 프로였던 것 같다. 그렇게 웃을 일이 없던 나에게 라디오를 듣다가 배꼽이 빠지게 박장대소를 했던 적이 있다.

어느 한 청년이 등산을 가다가 대변이 마려워서 산 중턱에 급하게 볼일을 보고 돌을 덮어 놓았는데, 한 달 뒤엔가 가보니 그곳이 돌탑이 되어 사람들이 그곳에 돌을 얹으면서 기도하더라는 이야기였다. 어떤 사람이 지나면서 돌이 쌓여 있는 것을 보고는 돌을 얹으며 기도했고, 이를 지켜보던 다른 사람들에게도 영향을 미쳤던 것 같다. 그래서 '똥 돌탑'이 되었다는 이야기다.

심리학에 '3의 법칙'이란 말이 있다. 세 사람이 모이면 집단이 형성돼서 그 집단에 힘이 실린다는 이야기다. 거짓말도 세 명이 하면 속아 넘어갈 수도 있다는 이야기다. 이것이 좋은 곳에 쓰이면 좋은데, 나쁘게 쓰이면 뒤통수나 사기를 치는 데 사용될 수 있다.

신문을 읽다 보면 3의 법칙을 이용해서 사람들을 속이고 기만하는 일들을 종종 볼 수 있다.

귀가 얇고 소신이 없는 사람에게 불안감을 조성하고 정신이 없게 만들면 어! 어! 하는 사이에 이들에게 바로 걸려들게 되어 있다. 자신도 모르게 계약서에 서명한다든지 아니면 빌려주지 않아도 될 돈을 자기도 모르는 사이에 빌려주게 된다.

특히 명예, 희망, 일반 퇴직 할 것 없이 퇴직을 앞둔 사람은 앞서 이야기했지만 좋은 먹잇감이다. 왜냐하면 그들은 조바심이 많이 날 수밖에 없기 때문이다.
그리고 인정이 많아서 남의 사정을 잘 봐주는 착한 사람도 아주 좋은 먹잇감이 되기 쉽다. 3의 법칙을 악용하는 전문적인 하이에나들은 주변에 생각보다 많다.

하이에나가 순하게 생겼지만 아가리, 즉 턱의 힘은 상상을 초월한다. 이들은 싸울 때 절대 서두르지 않는다. 천천히 밑 작업을 해서 상대방이 심리적으로 지칠 때까지 기다려서 결정적인 순간에 달려들어 사망에 이르게 한다.

인간 하이에나들의 뒤통수를 항상 조심하자.

새로운 도전과 시도는 시발비용이 따른다.

'시발비용'이란 게 원래는 스트레스를 받아 지출하게 된 비용으로 비속어인 '시발'과 '비용'을 합친 신조어로 많이 사용되고 있는데 사실상 '시발'이란 뜻은 국어사전에서 보면 '일이 처음으로 시작됨'이 원뜻이다.

기존에 하던 일과 달리 자기 나름대로 비전을 갖고 새로운 비즈니스나 자기 분야가 아닌 새로운 직업이나 직장으로 이직하게 되면 모든 게 새롭고 낯설다. 특히 새로운 사업을 시작하게 되면 관련 분야에 대한 지식이 없는 상태에서 의욕만 가지고 시작하는 경우가 많아서 금전적 투자와 관련 분야의 전문가가 되기 위한 노력으로 정신적, 물리적인 스트레스를 받기 마련이다.

무엇보다도 그 분야의 마음씨 좋은 전문가들의 도움을 받으면 일이 수월하게 진행되고 문제가 발생할 여지가 줄어들지만, 세상에는 나쁜 사람들이 지뢰처럼 포진해 있다. 전문가라고 하면서 어려운 용어를 섞어 쓰며 계속 돈을 투자하게 한다거나 책임지지 않을 말을 하면서 희망 고문을 하는 사례가 비일비재하다.

새로운 일을 시작할 때, 이직이나 전직을 할 때 뒤통수를 맞는 경우를 디폴트값(고정값)이라고 생각하면 오히려 마음이 편하다. 한 푼, 두 푼 정말 어렵게 모아 둔 자금을 잃게 되거나 퇴직금으로 받은 종잣돈을 한꺼번에 날려 버리는 경우가 있다. 즉 새로운 분야를 시작할 때는 대부분 '뒤통수'와 관련된 적지 않은 '시발(시작)비용'이 항상 따라다닌다고 생각하라.

오늘 모처럼 휴일이라 여유가 생겨서 광화문 교보문고에 갔다. 지하철에 붙여 놓은 광고가 눈길을 끌었다. '반전의 후반전!'이란 제목과 함께 이직, 전직과 관련해서 40대의 인생 후반전 교육을 한다는 내용이다. 얼마 전까지 50세 이상을 위한 사람들을 지원하는 광고가 보이더니 이제는 지원 대상의 연령대가 40대까지 내려갔다. 조금 더 있으면 30대까지 내려갈 판이다. 세상 살아가는 것이 항시 불안불안하다. 이런저런 생각을 하게 되니 속이 쓰리고 한숨이 나왔다.

이제는 더 이상 '시발비용'이 BTS가 노래했던 '탕진잼'이란 가사처럼 스트레스를 받아서 확 질러버리는 비용이 아니라 전직과 이직에 발생하는 '시작비용'이라고 해석해야 하는 시대가 오는 것 같다. 모든 시작에는 반드시 뒤통수가 뒤따른다. 시행착오 없이 새로운 분야에서 한 번에 성공을 거두기는 사실상 힘들기 때문이다. 하긴 뒤통수를 맞으면 'ㅅㅂ'이라고 욕을 하게 되니 그런 면에서 '시발비용'도 맞는 것 같다. 이래저래 맞춤형 단어다.

나는 솔직히 당신이 맘에 안 들어

살다 보면 별의별 일을 다 겪는다. 특히 인간관계로 인한 말도 안 되는 상황과 스트레스가 이만저만이 아니다.

프로젝트를 한창 진행하고 있는데, 계속 비협조적인 사람이 있었다. 물론 직급이 높았고 회사 내에서 의사결정을 하는 위치에 있는 사람이었다.

내가 뭐가 그렇게 싫은지 사사건건 간섭하고 훼방을 놓는다. 하도 방해를 해서 조용히 찾아가서 물었다. 그랬더니 "난 솔직히 당신이 맘에 안 들어!"라며 나에게 이야기한다. 농담인 것처럼 웃으며 포장해서 이야기했지만 진심이었다.

아! 사람 싫은 건 어쩔 수 없다는 말이 머릿속에 맴돌았다. 솔직히는 나도 그 사람을 처음 본 순간에 느낌이 좋지 않았다. 서로 간에 결이 다르고 맞지 않는다고 생각했는데 좋지 않은 에너지와 분위기를 느꼈나 보다. 나를 개혁과 혁신의 대상으로 정했는지 계속 궁지에 몰아넣었다.

앞서 이야기했듯이 인생에는 서로 간에 좋지 않은 인연이 있다. 그 사람과는 '악연'이었던 것이다. 내가 아무리 좋은 실적과 성과를 내도 그 사람에게는 그것이 중요치 않았다. 그에게는 회사의 성장과 발전도 중요치 않았다. 그저 눈엣가시였던 내가 밉고 싫었을 뿐이다.

사람, 가족, 회사마다 각각의 '분위기'라는 것이 있다. 사람으로 치면 인품, 가족으로 치면 가풍, 회사로 치면 조직문화 정도로 생각하면 될 것이다. 나하고 분위기가 맞지 않으면 결국은 오래가지 못하고 결별하거나 서로 간에 좋지 않은 인연으로 마무리되는 경우가 많다. 문득 내가 이유도 없이 싫어했던 연예인 몇몇 분에게 너무 미안하다. 사실 일면식도 없고 TV에서 보이는 이미지만으로 내 나름의 기준을 정해 판단하고 좋아하지 않았다. 그분들께 진심으로 사과한다. 사람을 자기 기준으로 함부로 판단하고 대하면 안 될 일이다.

기쁨과 슬픔을 함부로 나누지 말라

슬픔을 나누면 반이 되고 기쁨을 나누면 두 배가 된다고 하는데 이것은 교과서적인 이야기고 현실에서는 전혀 그렇지 않다.

슬픔은 나눌 수 없는 경우가 많으며, 혹시 나누어도 오히려 그걸 약점과 뒤통수로 이용해서 때로는 공격당하기도 한다.

특히 기쁜 일을 남에게 알리는 건 매우 주의해야 한다. 기쁨을 잘못 나누게 되면 시기와 질투, 더 심하게는 증오의 대상이 될 수 있다. 나의 기쁜 일을 흔쾌히 기뻐해 주는 사람은 이 세상에 가족 외에는 거의 없다.

영화 '아마데우스'에서 모차르트의 천재성에 열등감을 느끼는 살리에리가 증오하는 것을 '살리에리 증후군'이라 하듯이 주변 사람이 잘되는 것에 대해 열등감, 시기, 질투심을 느끼는 건 온 세상이 똑같은가 보다.

눈빛을 보면 어느 정도 그 사람을 알 수 있다.
눈빛도 재채기와 같이 숨기고 싶어도 숨기기가 힘들다.

남이 잘되었을 때의 시기와 질투, 배 아픔, 증오의 눈빛은 겉으로는 박수를 치며 입꼬리를 억지로 올라가게 꾸밀 수는 있어도 눈빛은 결코 속일 수 없다.

지금까지 나에게 뒤통수를 친 인간들의 눈빛은 둘 중 하나였다. 입꼬리는 올라갔지만 뱀처럼 사악했거나 혹은 내 눈을 제대로 보지 못했다.

제발 명심하시길 바란다.

가수 장기하 님이 아니라면 '별일 없이 산다'라는 말을 주변인들에게 함부로 하지 말자. 별일 없이 잘 산다고 이야기하는 순간 그 말을 들은 사람은 축하나 축복보다는 내가 너보다 못난 것이 없는데 왜 너는 나보다 별일 없이 잘 사는가? 라는 묘한 마음이 발동되면서 그 사람이 꼭 별일이 있었으면 하는 시기와 질투의 대상이 된다.
너무 사람을 나쁘게만 생각한다고 나에게 이야기한다면 정말 순진하다고 바로 답변드리겠다. 아주 일부 마음 좋고 선한 사람을 제외하고는 다들 주변 사람이 잘되면 배가 아파서 죽는다. 배가 아파서 죽지는 않으니까....

인생은 계획할 필요가 없다?

사람 만나는 일을 많이 하는 특성상 여러 가지 사정 이야기를 듣는 경우가 많다. 얼마 전 소기업 경영인 모임에서 세 분의 사장님을 멘토링할 기회가 있었는데 공교롭게도 이분들은 코로나 사태(이분들에게는 코로나 재앙) 바로 3개월 전에 PC방을 창업하신 분, 코인노래방, 프랜차이즈 음식점을 크게 오픈하신 분들이었다. PC방 창업을 하신 분은 기존에 다른 자영업을 하시다가 디지털 시대에 발맞추어서 DX(디지털) 전환을 추진하신 분이었고, 코인노래방과 프랜차이즈 음식점을 개업하신 분은 경기 상황이 안 좋아서 회사에서 명예퇴직을 하고 나온 분들이었다.

정말 세상살이는 잔인한 구석이 많다. 다들 미래에 대한 꿈과 비전을 갖고 '정글'이라고 말하는 창업을 했는데 고작 3개월 정도 지인들의 축하인 '오픈빨'만 느끼다가 바로 바닥으로 추락해 버린 것이다. 말이 그렇지, 지옥을 경험한 것이다. 이야기를 듣고 가슴이 아팠다.

사실 PC방이나 노래방의 수익모델은 게임과 노래보다는 그 장소에서 게임이나 노래를 즐길 때 함께하는 간식과 음료다. 다들 기억하겠지만 코로나 사태 초반에는 실내에서 음식을 먹는 게 자유롭지 못했기 때문에 부대 수익을 기대했던 그분들 처지에서는 그야말로 재앙과 같은 시기였을 것이다.

음식점을 오픈한 분은 말할 것도 없다. 한 분은 얼마 지나지 않아 사업을 접고 두 분은 그야말로 바닥에 바닥을 다지고 이제야 조금씩 복구해 나가는 중이다. 사실상 매일 같이 참혹한 전쟁을 겪었다. 얼마 전 윤여정 배우가 TV에서 말씀하신 "참... 인생은 계획할 필요가 없어. 계획대로 안 돼. 너 하던 대로 살아." 이 말이 마음속에 크게 다가온다. "세 분 사장님! 너무 많이 고생하셨습니다. 큰 경험을 하셨으니, 앞으로 좋은 일만 있을 겁니다." 그분들이 승승장구하기를 진심으로 바란다.

나도 과거에는 촘촘하게 계획을 세우고 살았는데 이제는 매 순간 순간 최선을 다하고 사는 것에 중점을 두고 살아가고 있다. '속도보다 방향'이란 생각으로 큰 틀과 방향성은 유지하지만, 너무 세부적으로 하나하나 계획을 세우고 일희일비하지 않는다. 내 계획과 달리 진행되는 경우가 많기 때문이다. 내 주변에도 일부러 계획을 세우지 않는 경영자도 제법 된다.

정말 오랜만에 지인에게 연락이 온다면

정말 오랜만에 지인에게서 연락이 온다면 그건 반드시 돈을 빌려 달라거나 돈과 관련된 이야기를 하기 위해서다. 아니면 상식 밖의 부탁을 하는 것이 거의 99% 확실하다. 액수가 큰 금액일 수도 있고 아주 적은 금액일 수도 있다. 다들 절박한 사정이 있어서 나에게까지 연락이 온 것이겠지만 지금까지의 경험이나 주변 지인들의 경험을 함께 비춰 보면 빌려준 돈은 돌아오지 않는다. 받지 않아도 괜찮을 만큼 최소한의 금액만 (빌려)주는 것도 나름 좋은 방법일 것이다.

때로는 정말 작은 욕심으로 오랜만에 연락을 해 오는 경우도 있다. 주로 본인 자신이 결혼하거나 나이가 있는 사람들이라면 자녀가 결혼하는 경우 SNS를 통해서 청첩장을 돌린다. 과연 진심으로 축하를 받고 싶어서 연락한 것일까? 작은 돈을 받아 내기 위해서 체면을 구기고 한 연락이 아닐까? 이럴 때는 제법 많이 씁쓸하다.

자신의 예상되는 이익을 위해서 무리하게 사람을 소개해 달라는 부탁이나 내가 그동안 구축했던 인적 인프라를 이용하고자 급하게 연락할 때도 종종 있다. 상대방은 전혀 고려하지 않고 자기의 이익만 계산하고 행동하는 얄팍한 사람들이다. 이런 사람들은 선의를 가지고 소개해 주거나 도움을 주게 되면 목표 달성을 하고 바로 외면하는 경우가 대부분이다. 그리고 소개를 해 줘도 일을 제대로 마무리하지 못하거나 질 낮은 행동을 함으로써 궁극적으로는 소개해 준 사람에게 큰 봉변을 입게 하거나 손실을 가져다주기도 한다.

오랜만에 연락이 온 사람을 항상 조심하시기 바란다. 연락한 그 사람은 이미 여러분이 알았던 과거의 그 사람이 아니다.

잘못하다가는 뒤통수 맞고 땅을 치면서 후회할 것이다.

동반성장카드와 완벽한 뒤통수

전에 베이징 동계올림픽 쇼트트랙 경기에서 편파적인 심판 판정을 두고 우스갯소리로 '눈 뜨고 코 베이징'이란 소리가 있었다. 지금 생각해도 누구 아이디어인지 정말이지 대단한 말을 만들어 냈다.

살다 보면 흔한 일은 아니겠지만 정말 눈앞에서 코를 베이는 경우가 종종 있다. 나도 바로 눈앞에서 코를 베였다. 그것도 정말 완벽하게. 미래를 함께하기로 약속에 약속을 하던 사이였는데 코를 베어 갔다.

항상 이런 일은 내가 익숙하지 않은 분야를 새롭게 도전할 때 많이 발생하기 마련이다. 자기의 전문 분야에서는 크게 뒤통수 맞을 일은 없다.

불안한 미래를 극복하기 위해서 새로운 분야에 도전하기로 했다. 그 분야 전문가를 소개받아서 회사 구성원으로 영입해 일을 함께 진행했다.

앞으로 헤쳐 나갈 일들, 미래 비전에 대해서 많은 회의와 논의를 더해서 서로 간에 신뢰를 구축해 갔다. 나만의 착각이었다. 그는 전혀 다른 생각을 하고 있었다. 나는 배려를 한답시고 은행으로 뛰어가서 '동반성장카드'를 발급받아 그의 손에 꼭 쥐여 주었다.

막상 비즈니스가 시작되자 우리 회사 명의로 참여한 전시회에서 만난 고객들에게 본인이 차린 회사 명함을 배포하는 것이었다. 충격으로 쓰러지는 줄 알았다. 살다가 이런 경우는 처음 당했던 것이라 워낙 당황해서 화도 내지 못했다. 그리고 바로 평생을 함께 하자는 약속을 저버리고 퇴사를 일방적으로 통보했다. 전에 이야기했던 모든 일은 전혀 기억이 없다고 했다.

표정 하나 변하지 않고 그런 말을 할 수 있는 그 사람의 (똥)배짱, 아니 뻔뻔함에 지금 생각해도 다시 한번 놀라게 된다. 사업의 성공을 위해서 적과도 동침해야 한다는 이야기가 있듯이 종종 외부 회의에서 보거나 연락을 나누는 경우가 있는데 볼 때마다 정치인처럼 사이좋은 척을 해야 하는 게 몹시 힘들다. 이렇게까지 하면서 사업을 해야 하나 정말 돈을 번다는 것은 참 힘들고 외로운 싸움이라는 생각이 든다.

아직도 사업을 하기에는 나의 그릇이 간장 종지인가 보다.
큰 뜻을 이루기 위해서는 더러운 것도 잘 견디고 안 좋은 일도 그러려니 여길 줄 아는, 역사서에 등장하는 대인배가 되어야 하는데 나는 그게 잘 안된다. 노력하면 대인배가 되려나?

아직도 자신이 없다. 참을성 없이 안정적인 회사를 뛰쳐나오지 말았어야 했는데, 하는 쓸데없는 생각을 해 보았다. 조금씩 나아질 것이다.

사람에게 절대 기대하지 말라

많은 사람이 함께 일하고 생활하고 인연을 이어가면서 예상하지 못했던 상처를 받는다. 서로 간에 많이 아끼고 정성을 주었던 사람들이 뒤통수를 치기 때문이다. 회사 생활은 기본적으로 대부분 그렇고, 믿었던 가족도 예외는 아니다.

베풀어 준 은혜와 정성을 감사하게 생각하는 좋은 사람이 물론 있다. 하지만 아주 일부고 극소수다.
사람에게 정성을 기울이고 서로 간에 잘해 주는 것은 좋다. 그것이 신뢰를 쌓는 기본이기 때문이다. 하지만 너무 사람에게 기대하지 않는 것이 좋다. 대부분 '뒤통수'를 치기 때문이다.

잘 살펴보면 누구의 잘못도 없다. 사람들은 각자 자기 이익을 위해서 살아가기 때문이다. 사람에게 정성을 기울이고 신뢰 관계를 형성할 때 무엇을 바라지 않는 게 정신 건강에 좋다. 그렇지 않으면 상처받는다. 서로 간에 함께하는 기간 동안 최선을 다해서 신뢰하면 된다. 너무 매정한 이야기라고 할 수 있겠지만 과거부터 지금까지 그래 왔다. 미래를 함께하자는 약속을 함부로 하면 안 된다. 미래는 과거나 현재 시점에서 그렸던 그림대로 절대로 그려지지 않기 때문이다.

어느 유명한 소아정신과 의사분이 말하는 것을 들었다. "당신의 자녀를 배우자와 나에게 온 귀한 손님처럼 여겨라." 머리가 띵한 느낌이 왔다. 맞다! 정말 맞는 말이다. 자녀도 손님처럼 여겨야 한다는데 피도 한 방울 섞이지 않은 남은 말해 무엇하랴. 스쳐 지나가는 손님이고 어찌 보면 짧은 인연이었을 뿐이다. 큰 기대를 접으면 마음이 편하다. 함께 있는 동안 서로 잘 지내고 그것으로 만족하면 된다.

뒤통수와 배신은 정점으로 갈 것이다

모두 미래에 대한 걱정으로 마음이 항상 불안하다. 잘나가는 대기업도 예외가 아니다. 불경기가 계속되고 있고 앞으로도 나아지기가 쉽지 않을 것을 모두 다 알기 때문이다.

정신을 바짝 차려야 한다. 경기가 안 좋을수록 유혹과 사탕발림 등이 극에 달할 것이다. 왜냐하면 그들도 먹고살아야 할 것이기 때문이다.

사람들이 잘 속아 넘어가지 않기에 더욱더 양의 탈을 쓴 늑대와 같이 겉으로는 유하고 좋은 척하면서 너에게만 알려 주는 특급 정보라는 둥 유혹의 목소리로 접근해 올 것이다.

사람은 욕심이 많다. 자기가 가진 것보다 더 좋은 것 더 새로운 것 더 도움이 되는 것, 즉 돈 되는 게 있으면 '도덕심'과 '윤리 의식'은 집어 던진다.
그러면 우리나라 말고 선진국이나 다른 외국은 다를까? 정도의 차이만 있을 뿐이지 다들 사람들의 욕망이 문제다. 전 세계 어느 곳이든 뒤통수는 존재한다. 그게 인간의 본질이기 때문이다.

경기가 안 좋아질수록 더욱더 사람을 조심해야 한다.
친구, 후배, 친척은 물론이고 일부 가족들도 조심해야 한다.
주변을 살펴보면 말을 안 해서 그렇지 대부분 뒤통수를 맞은 경험이 있다.

경제 상황이 안 좋아질수록 뒤통수와 배신은 정점으로 갈 것이다.

직거래에 대한 욕망은 인간의 본질

회사 생활할 때도 그랬고 이런저런 분야의 비즈니스를 경험하면서 느끼는 것인데 인간은 본질적으로 '직거래'에 대한 욕망을 멈출 수가 없다.

교육과 컨설팅을 주된 업으로 하는 나를 비롯해 주변 지인들을 보더라도 처음 몇 번만 소개해 주는 도움을 받고 어느 정도 잠재고객이 확보되는 순간 뒤도 돌아보지 않고 '기업가 정신!'을 발휘해 소개해 준 사람을 배제하고 직거래한다.

심하게는 고객 확보를 목표로 기업에 위장취업(?)을 해서 고객 정보를 가지고 나와 직거래를 하는 경우도 봤다. 굉장히 점잖았던 사람인데 3년 동안 회사 두 곳을 옮겨 다니면서 고정 거래처를 확보하고 바로 창업을 했다. 그를 믿고 채용했던 회사에 제대로 뒤통수를 친 것이다. 내가 봤을 때도 그 사람에게 어울리지 않는 자리로 가서 일을 한다고 생각했었는데 그렇게 깊은 뜻이 있는 줄은 나중에 알게 되었다.

그렇게 살지 못하는 게 바보라는 소리가 나온 지는 꽤 오래다. 심지어는 불법을 저지르더라도 벌어들일 금액이 보장된다면 죄를 짓는 것이 낫다는 농담을 주고받는 것은 이제 어디서나 볼 수 있는 흔한 일이 되어 버렸다.

그런데 문제는 이렇게 생각하고 말하는 사람들이 많아지고 있다는 것이다. 딱히 걸리지 않으면 좋고 만약에 걸려도 법률적으로 사기나 경제사범의 경우 우리가 일반적으로 생각하는 것보다 그 죄를 무겁게 다루지 않는 솜방망이 처벌이기 때문이다. 그동안 경제성장을 위해서 맹목적으로 살아왔던 우리 모두의 책임이다. 후배 세대에게 진심으로 미안하고 부끄러운 일이다.

이론과 교과서에서나 들었던 윤리경영, 상도덕 또는 에이전트십은 현실에서 실종된 지 오래다. 사실 과거에도 모두 자기가 종사하던 분야의 고객과 기술을 확보해서 창업하는 것이 자연스러운 현상이라 볼 수도 있겠다(국가안보와 기술 등 일부 핵심 분야는 제외하겠다).
직거래를 하는 사람으로서는 도전과 기업가 정신을 발휘했다고 할 것이고 고객과 노하우를 빼앗긴 사람으로서는 상대방에게 뒤통수를 맞았다고 할 것이다. 다 자기 상황에서 해석하는 것이다.

동업을 한다는 것은?

돈도 잃고, 사람도 잃고, 건강도 잃는다.

평생 이불킥 할 일을 벌이지 말라

절대 극소수만 가능한 일이다.

함부로 미래를 약속하지 말라. 서로 간의 셈법이 다르다.

전문가들도 쉽사리 뒤통수를 맞는다

얼마 전에 의사 선생님들의 학술대회에 초청받아서 강연을 하고 왔다. 'MZ세대와의 협업과 상호 커뮤니케이션을 위한 조언'이란 주제였다. 강의를 마무리하고 이런저런 이야기를 서로 나누었는데 의사 선생님들도 고충이 매우 많았다. 매번 발전해 가는 의학 지식 학습도 쉽지 않지만, 무엇보다도 사람과의 관계가 너무 어렵고 인간관계와 의사소통을 원활하게 하고 싶다는 말씀을 많이 했다. 어떤 업종이든 사람 관계가 제일 어려운 일이구나, 하는 생각을 다시 한번 확인하게 되었다.

종종 경영자과정에서 인연을 맺었던 분들과 모임을 한다. 건축사, 회계사, 변호사, 노무사 등 전문 분야에서 제법 잘나가는 분들도 항상 같은 고민을 하고 있다. "요즘은 오히려 컴퓨터나 기계랑 일하는 것이 오히려 나아. 사람 스트레스도 적고 뒤통수도 치지 않으니까. 결과도 어느 정도 예측이 되고, 그런데 사람 마음은 도무지 알 수가 없어."라면서 나에게 하소연한다.

무슨 해결책이나 묘수가 없냐고 나에게 물어 온다. 매번 느끼는 거지만 사람과 함께하는 것은 끊임없는 노력이 많이 필요하다. 인간관계가 이 세상에서 제일 어렵다. 얼마 전 종종 안부를 전하는 변호사와 대화를 나누다가 그분도 뒤통수를 크게 얻어맞았다고 들었다. 법을 다루는 변호사라 창피해서 어디 가서 이야기할 수도 없고 냉가슴 앓듯이 굉장히 답답했다고 한다.

뒤통수는 엄청난 파괴력을 갖고 있는 바이러스 같은 녀석인가 보다. 법률을 다루는, 그렇게 훌륭한 변호사의 뒤통수까지 치고 다니는 걸 보면... 대단한 녀석이다.

잘못된 소개, 잘못된 만남

'중매를 잘 서면 술이 석 잔이고 잘못 서면 뺨이 석 대'라는 말이 있다. 중매에만 한정된 말은 아닐 것이다. 누구나 이런 비슷한 경험을 했으리라 짐작한다. 사람을 소개해 주거나 받는 일은 항상 리스크가 따른다. 간혹 일이 아주 잘되면 소개한 사람은 바로 배제되고 연락이 잘 안된다. 감사의 인사를 하는 경우는 거의 없다.

연락이 오는 때도 있다. 일이 잘못된 것이다. 일의 잘잘못을 따지고 탓할 사람은 필요하고 결국에는 소개해 준 사람을 대상으로 원망과 탓을 한다. 나도 누군가에게 소개의 대상인 적도 있었고 누군가를 소개받기도 하고 소개해 주기도 했다. 사람을 만나고 함께 일을 도모하는 건 자연스러운 현상이다.

주변에 사람을 소개해 주고 후회하는 사람들이 너무나도 많다. 오늘도 지인으로부터 전화를 받았다. 사람을 소개해 주고 후회하는 이야기였다. 서로 잘되라고 없는 시간을 내서 정성 들여 소개해 주었지만, 잘못된 결과로 원망의 소리만 들었기 때문이다. 가수 김건모 님의 '잘못된 만남'은 연인관계뿐만 아니라 일상의 모든 분야에 적용된다. 인간은 이익이 되는 상황에 따라 뒤통수를 치고 배신을 하기 때문이다.

소개를 받은 사람과는 객관적으로 일을 해 나가기가 쉽지 않다. 중간에 소개해 준 사람이 걸려 있기 때문이다. 또한 서로에게 좋은 점만 기대하게 되고 단점을 잘 보려 하지 않는다. 나도 경영자 과정을 졸업한 훌륭한 경영자와 전문인들이 주변에 많지만 비즈니스적인 교류를 하지 않는다. 서로 간의 좋았던 관계가 일로 엮여서 망가지고 싶지 않기 때문이다.

요즘은 플랫폼 시장이 발달해서 플랫폼을 통해 서로 일을 하는 경우가 많다. '평가사회'라고 하지 않는가! '별이 다섯 개'라는 평점에서 누구도 자유로울 수가 없다. 평가가 좋은 사람을 접촉해서 합을 맞춰 함께 하면 구질구질하게 서로 간에 뒷말을 듣지 않고 머리 맑게 일을 해 나갈 수 있다. 그런데 간혹 평가가 좋은 사람도 뒤통수를 치기는 한다. 어디든지 뒤통수는 따라온다. 가능하다면 뒤통수 맞을 확률을 줄이면서 살아가는 것이 우리의 목표가 되겠다. 함부로 사람을 소개하지 말라. 좋은 의도와 달리 '잘못된 만남의 원인 제공자'가 될 수도 있다.

가능하다면 이것만은 하지 말자

퇴근 후 또는 출근 전에 보내는 메시지
휴가 중에 (별로 안 급한 내용인데) 급한 전화나 요청
휴일이 들어가 있는 워크숍이나 단합대회
근무 시간 전 또는 퇴근 후 교육이나 행사
이런 말 하면 안 되는데 뒤에 나오는 말들 – 하지 마라
예정되지 않은 번개형 미팅이나 회식
하루 전에 다음 날까지 해 달라는 부탁(?) (게으른 거다)
다 됐어(요)? / 다 됐나요? / 그 건은(저번 건은)요? (속칭 '물음표 암살자'다)
확실해요? / 확인한 거지요?
이게 최선입니까? / 책임질 수 있나요? (너는 최선 다하고 책임 잘지냐?)
이게 제 일인가요?
잠시 시간 되세요? 드릴 말씀이 있는데요....
거기, 너, You
나 때는 말이야, 예전에는
다들 그렇게 한다고 합니다.
일종의 호구조사 (결혼은? / 애는? / 어디 사세요?)
자기 식구 이야기들 - 제발 집에서 해라
그리고 많은 무례한 말과 행동들

3장

직장 고민, 직장생활과 뒤통수

주인보다 주인의식이 많으면 안 된다

정말 말도 안 되는 일이 벌어졌다. 드라마에서나 나올법한 일이다. 어떤 단체의 교육을 진행하는데 교육의 준비, 내용, 절차까지 너무 좋다고 거의 만점에 가까운 결과가 나왔다. 사전에 철저하게 준비하고 이해관계자 모두 최선을 다한 결과였다.
그야말로 서비스 공급자와 수요자의 니즈가 정확하게 딱 떨어지는 교육이 진행된 것이었다. 다들 너무 만족스러워하면서 다음번 교육을 기약했다. 그런데 그 단체의 대표라는 사람이 보고를 받고 나서 실무자에게 했다는 말이다. 칭찬해 주지는 못할망정.

"이거 데이터를 조작한 것이지. 이런 결과가 나올 수가 없어. 그리고 우리 직원들은(보통은 구성원이라고 한다. 요즘은) 이렇게 수준 있는 교육을 받으면 안 돼. 다음번 교육은 직원 수준에 맞는 (질이 떨어지는) 교육으로 전환해!"라는 말을 했다는 것이다. 완전 개그다. 그러니 개그콘서트 같은 코미디 프로그램이 폐지되었겠지. 개그맨들이 웃기지 않아도 그 역할을 해 주는 사람들이 넘치기 때문이다. 다행히 개콘은 최근에 부활했다.

구성원을 가족같이 생각하고, 창의적이고 유능한 글로벌 인재를 양성하자는 그 단체의 인재상은 말 그대로 완전한 쌩 거짓말이던 것이다. 그야말로 가! 족같이(소리 나는 대로 읽으면 민망하다) 생각하는 것이었다. 아니면 그 단체장이란 사람이 정신적으로 콤플렉스가 많거나 비정상적인 사고를 하는 사람이었든가.

어쨌든 나는 그 일을 겪고 나서 한동안 많은 생각을 하게 되었다. "아! 너무 성과가 좋아도 미움을 받을 수가 있는 거구나." 전에 조직 생활을 했을 때도 성과가 크게 나자, 팀장의 미움을 사서 인사고과 점수를 최하로 받은 적이 있었는데, 그 사이에 그 일을 까먹고 또 최선을 다해서 일을 했었구나. 별 말도 안 되는 반성을 하고야 말았다. 초심을 잃지 말아야겠다. '주인보다 주인의식이 앞서면 잘못했다가는 주인에게 오해를 사거나 시기와 질투를 받아서 등에 칼을 맞을 수 있다.'

인간의 심리라는 건 참으로 교묘하다. 손에 적어 놓고 다녀야겠다. "주인의식도 눈치껏 발휘하자."

그들은 절대로 책임지지 않는다.

기업이나 회사도 사람과 같이 생존율이라는 게 있다. 최근 발표된 창업기업의 5년 후 생존율이 34%라고 하니 10명이 창업을 하면 3명 정도만 살아남는다고 볼 수 있겠다. 최근 들어서 경기가 더 좋지 않으니, 창업을 앞둔 사람들의 마음이 불안불안할 것이다. 그런데 생존율, 이건 말 그대로 살아만 남는 것이다. 돈을 버는 건 그다음인 또 다른 길이다. 그만큼 비즈니스나 창업해서 생존하고 유지해 나가는 건 쉽지 않다.

조금만 잘되면 우르르 몰려서 시장질서를 파괴하는 일이 너무 잦으니, 대한민국에서 비즈니스를 하는 것은 정말이지 쉽지 않다. 전에 통계청과 관세청이 발표한 자료에서도 나타났듯이 워낙 내수시장의 경쟁이 상상을 초월해서 치열한 경쟁을 피해 글로벌 비즈니스를 하게 되면 내수기업보다 생존율이 조금 높아진다고 한다. 하지만 글로벌 경쟁은 쉽겠는가! 언어와 문화의 장벽을 넘는 것 또한 힘들 것이다.

새로운 일을 도모하는 사람들은 대부분 자신감이 넘친다. 자기가 하면 무엇이든지 해낼 것으로 생각하고 주변 모든 사람이 자신을 도울 것이라는 대단한 착각을 한다. 자기를 과대평가하고 착각하는 것이다. 욕심이 앞서서 자기 자신을 객관적으로 절대 보지 못한다. (그래야만 사업을 시작하는 계기가 되기는 한다.)

새로운 일을 도모할 때는 투자자나 자본가의 관점에서 객관적으로 자신을 살펴보는 게 중요하다. 대부분 자신을 갖고 섣불리 덤빈다. 사업의 전망, 대표의 경쟁력 정도, 경쟁자들의 분포와 종합적인 시장 상황 등을 철저하게 조사하고 시작해도 승산이 없을 수도 있다. 준비 없이 자신감만으로 덤비면 그동안 벌어 놓은, 아니 대출받은 몇억 이상, 아니 크게는 몇십억씩 날려 먹고 만다.

시장에는 여러분의 자금을 노리는 하이에나들과 달콤한 유혹들이 엄청 많다. 그들은 여러분의 돈, 가족, 행복을 절대로 책임지지 않는다. 책임질 생각조차 없다.
여러분이 은행 대출담당자, 벤처캐피탈(VC) 담당자라면 지금 구상하고 있는 여러분의 사업에 투자를 감행하겠는가? 솔직히 사업에 투자할 자금을 안전자산에 묻어 놓고 직장생활에 최선을 다하는 것이 더 나은 방법일 수도 있다. 자신이 능동적으로 마음가짐을 달리 먹으면 생각보다 좋은 일이 점점 많이 생긴다. 주변에서도 뭔가 달라진 분위기를 느끼는지 대우하는 것이 점점 좋아진다. 그러다 보면 더 좋은 조건으로 이직할 기회나 내가 주도권을 갖고 우호적인 조건에 창업할 수 있는 생각지도 못한 기회도 생긴다. 이건 진심이다. 하늘 높이 치솟는 물가와 인건비가 상상을 초월하게 부담이 된다. 내가 부정적인 이야기를 하는 것이 아니다. 나는 이미 경험을 많이 했고 그런 분들이 뒤통수를 맞고 사기당하는 것을 옆에서 많이 지켜본 사람이다.

그래도 자신이 있으면 많은 자기계발서에서 이야기하듯이 머뭇거리지 말고 무조건 바로 시도하고 실행하라. 그리고 살아남아 최고의 업적을 남기기 바란다.

적성에 맞는 일을 직업으로 한다는 것

헤라클레스나 유재석 님이 대차대조표를 맞추는 일을 하게 된다면 과연 그렇게 최고의 리더가 될 수 있을 것인가.
다 자기에게 맞는 것이 있다. 나도 과거에 회계사가 되기 위해서 회계학원도 다니고 이런저런 노력을 하다가 어렵기도 하고 적성에 맞지 않아서 결국에 '회개'(반성)만 하고 그만두었다.

그렇다고 살면서 적성에 맞는 일만 하고 살 수 있는가? 참 그게 어려운 일이다. "자신이 좋아하는 일을 찾기보다는, 우선 주어진 일을 좋아하려는 마음을 갖길 바란다."라는 경영의 신 이나모리 가즈오 회장님의 말은 어떻게 생각하는가?

과연 자기가 좋아하는 일을 직업으로 갖고 돈도 많이 벌 수 있는 사람이 몇 명이나 될까? 가슴 뛰는 일을 찾아서 나왔는데 실제로는 가슴이 떨리고 조마조마하게 사는 사람들 이야기는 말을 안 해서 그렇지 셀 수 없을 정도로 많다. 솔직히 적성에 맞는 일을 찾아서 용기 있게 나오는 사람은 부양할 가족이 없을 경우가 많다. 일부 소수는 가족의 지원을 받기도 한다. 자기 한 몸 정도 책임지겠다면 용기를 내서 정글이라는 시장으로 뛰어들겠지만, 사정상 책임질 사람이나 책임질 상황에 놓인 사람이라면 현실적으로 쉽지 않은 일일 것이다.

직장생활에서 번아웃되고 염증을 느끼고 있는가? 좋아하는 자영업을 시작하거나 사업을 시작하고 계획대로 되지 않으면 염증 단계를 건너뛰고 바로 죽음의 계곡(데스밸리)을 정면으로 마주하게 된다. 그것도 아주 빠른 시기에… 그리고 주변에 아무도 도와주는 사람이 없다.

자기가 정확한 기술을 가지고 있고 좋아하는 일을 해도 성공하기가 쉽지 않다. 그런데 자기가 직접 할 수 있는 역량 없이 사람을 스카웃하거나 고용해서 사업을 한다는 것은 절대적으로 말리고 싶다. 비즈니스는 꿈꾸는 대로 이루어지지 않는다. 큰 성공을 거두기 전까지 사업은 사실상 인건비, 임대료 등 고정비와의 처절한 싸움이다. 남의 인건비 부담하다가 결국에는 문을 닫는다.

보통 직장인들은 상사와 맞지 않아서 떠난다고 한다. 세상에 나오면 그 상사보다 (나쁜 쪽으로 내공이) 센 고객들이 많다. 경기가 안 좋을 때는 잘 버티고 생존하는 게 중요하다. 정말로 직장생활이 싫으면 사업자등록 내었다, 생각하고 진정 실력을 연마해서 사전 테스트를 어느 정도 하고 나오는 것도 방법이다. 직장에서 시장에 나올 연습을 하는 것만큼 효율적인 것이 없다. 성공한 사람들은 그런 과정을 거쳐 왔다. 윤리적, 양심적으로 문제는 물론 있겠다. N잡이 요즘 대세라고 하는데 아주 과거부터 N잡은 다른 이름과 형태로 존재하고 있었다. 전혀 새로운 것이 아니다. 예전보다 훨씬 경기가 안 좋아서 N잡러가 많아지고 정보통신이 발달해서 더 노출된 것뿐이다. N잡의 형식으로 하다가 확신이 설 때 독립하면 되는 것이다. 자기가 하고 싶고 적성에 맞는 일만 하는 것을 목표로 하는 것은 이상으로만 가능할 것이다. 겉으로 나타난 잘된 결과물만 보지 말고 결과를 위해서 죽을 정도로 치열했던 과정도 살펴보기를 바란다.

솔직히 회사에서 겸직금지 등 문서나 규정 등으로 인간의 타오르는 욕심과 욕망을 막기는 힘들다. 미래 전망이 좋지 않을수록 이러한 N잡에 대한 도전은 더욱 거세질 것이다. 최근에 MZ들의 많은 관심을 받는 모회사는 겸직금지 조항을 삭제했다고 한다.

대부분 가지 못한 길에 대한 미련이 항상 따른다. 과연 무엇이 정답일까? 시중에는 성공한 사람들의 이야기만 나온다. 마치 주식시장에서 큰돈을 번 사람만 이슈가 되는 것과 비슷하다. 돈을 잃은 사람들은 주목받지도 못할 뿐만 아니라 흔적도 없이 조용히 사라지기 때문이다.

자기 계발이나 성공 관련 서적의 사례를 너무 맹신하지 않기를 바란다. 흡사 사주나 MBTI를 맹신하는 것과 비슷한 것이다. 참조만 하고 자신만의 스타일을 잘 찾는 게 무엇보다도 중요하다.

나와 내 주변에는 잘 다니던 회사를 멋지게 때려치우고 아직도 가슴을 졸이면서 살아가고 있는 사람들이 많다. 이런 사례는 자기 계발 사례에는 나오지도 않는다. 가슴 뛰는 삶을 살고 싶은가? 그렇다면 무작정 용기 있게 행동하는 것보다는 운동부터 열심히 해서 가슴을 뛰게 하고, 제삼자적 시점(객관적인 시각)으로 본인을 잘 살펴보고 생존에 대해 충분히 고민하고 길을 찾는 것도 늦지 않다. 인스타그램, SNS 등에 밀려서 자기 삶을 너무 극단적이고 조급하게 취급하지 않기를 바란다.

잘못된 준비와 연습이 뒤통수를 친다

중학교 때 농구를 너무 좋아해서 시간만 나면 학교로 가서 혼자서 농구 연습을 정말 열심히 했다. 방학 때면 학교로 뛰어가서 눈 오는 날도 빠지지 않고 드리블이나 슛을 쉬지 않고 연습했다. 물론 나 혼자서 열심히 한 연습이었다.

어느 날 농구 시합을 하게 돼서 사람들에게 준비한 걸 보여 줘야지 하면서 자신 있게 나섰는데 완전히 처참하게 무너졌다.

체계적으로 농구 훈련을 받은 친구들의 게임 상대가 전혀 되지 않았다. 의지와 열정을 가지고 나만 아는 잘못된 방식으로 열심히만 연습한 결과였다.

직장생활을 하거나 비즈니스를 할 때도 내가 생각한 대로 잘되지 않는다. 자신만의 기준으로 잘못된 준비와 연습을 하고 뛰어들기 때문이다.

어떤 일이든지 최고의 성과나 위대한 결과를 낸 사람들의 뒤를 살펴보면 목적의식과 시스템으로 정교하게 설계해 '신중하게 계획된 연습(Deliberate Practice)'을 한 결과 큰 성과를 얻게 된 것이다. 전문적인 사람의 코치나 지도를 집중적으로 받고 당사자도 이를 믿고 받아들이며 함께 혼연일치돼서 온 힘을 다해 그것을 이루어 낸 결과라는 것이다.

흔히 우리는 연습과 준비를 많이 한다고 하지만 자기가 잘하는 것을 주로 연습하는 경우가 매우 많다. 하지만 철저하게 목표 달성을 위해서 계획한 연습은 자기가 잘하는 강점은 당연히 유지 발전을 하고 자기가 그 목표 달성에 필요하고 보완해야 할 점을 찾아 집중해서 철저하게 극복하는 과정을 거쳐야 한다는 건데... 이게 참 쉽지 않다.

그리고 잘못된 조언을 듣거나 실력 없는 멘토나 코치를 만나도 문제다. 잘못된 방향으로 열심히 하게 되면 또 다른 기회비용이 발생하는 것이다.

항상 문제의식을 느끼고 주변 상황과 새로운 경향을 살피고 관련된 분야를 지속해 학습하다 보면 좋은 인연을 만나고 큰 발전도 있을 것이다.

나는 정말 열심히 하고 있는데 변화와 발전이 더디다면 무엇인가 잘못된 연습과 하지 않아도 될 쓸데없는 노력을 하고 있을지도 모른다. 이것이야말로 자기 자신에게 뒤통수치는 것일 테고.

이런 것도 갑질이고 뒤통수를 치는 것이다

갑질이란 것이 소리를 지르고 윽박지르는 것만 해당하지 않는다. 마감 시간 혹은 발표 시간을 앞두고 자료를 급히 요청하거나 상대방의 일정을 전혀 고려하지 않고 약속 날짜를 변경하고 일방적인 통보를 하는 사람, 과업이 마무리되고 대금을 청구했는데 아무리 시간이 지나도 입금이 되지 않아서 "죄송하지만 대금 입금을 확인해 주실 수 있나요?"라는 식으로 독촉하게 해 사람을 비참하게 만드는 사람, 모두 다 형식만 다를 뿐이지 갑질을 하는 것이다.

특히 대금 입금을 하지 않거나 (일부러) 늦게 주는 것은 이유가 어찌 되었든 세상에서 제일 질이 나쁜 갑질이다. 왜냐하면 상대방의 먹거리를 위협하는 것이기 때문이다.

직장생활을 했을 때 직무 교육과 일본어 교육을 해서 일본기업으로 취업시키는 일을 잠시 담당했던 적이 있었는데 강사료 입금을 미적거리고 늦게 지급하는 일이 종종 있었다.

"스미마셍, 혹시 저희 강사료가 입금이 되었을까요?"라고 조심스럽게 말씀하셨던 일본어 담당 선생님께 너무 늦었지만 머리 숙여 사과를 드린다. 얼마나 내가 미웠을까? 지금 생각해 보니 바쁘다는 핑계로 상대방을 배려하지 않고 말도 안 되는 갑질을 했었다. 사업을 하다 보니 일이 끝났는데 몇 개월이 지나도 입금이 안 되는 경우가 있다. 외상거래를 하는 것도 아닌데 담당이 까먹고 입금하지 않는다. 직원 급여를 지급해야 하는데 속이 타지만 혹시라도 돈 이야기를 하면 찍혀서 다음 거래에서 배제될까 봐 말도 못한다. 예전에 내가 했던 행동이 생각난다. 내가 그 상황이 돼 보니 너무나도 잘못했었다. 진심으로 반성하고 있다.

"진심으로 죄송합니다. 선생님, 그땐 제가 너무 형편없고, 성숙하지 못했습니다. 힘들게 해 드려서 죄송합니다."

'고나리자' 도대체 무슨 뜻이지?

주로 하는 일이 교육과 컨설팅이다 보니 전국 방방곡곡을 다니면서 많은 회사와 구성원분들을 만나고 있다. 컨설팅이 어느 정도 마무리가 되면 그동안 고생을 함께해서 그런지 동료애가 생겨난다. 그래서 술 한잔을 기울이면서 이런저런 세상사 이야기도 하고 각자의 미래 비전에 관해서 이야기하기도 한다. 아무래도 제일 많은 이야기를 나누게 되는 것은 회사와 관련된 이야기다. 내가 그 회사의 구조와 조직문화를 아는 몇 안 되는 외부 사람이기 때문이다.

욕이랑 자랑(허세)의 쫄깃하고 차진 맛은 그 대상을 서로 알 경우다. 그러면 그 효과가 배가 되고 신바람이 절로 난다. 전혀 모르는 사람이나 정보가 없는 사람에게 하는 욕이나 자랑은 아무래도 재미가 덜하다. 아니 재미 자체가 없다. 그래서 SNS를 통해서 친구와 지인들에게 많은 소통과 자랑(질)을 하는 것일지도 모른다. 아니면 동창회를 나간다든지.

정말 나에게 많은 욕을 한다. 특히 특정 상사에 대해서는 입에 게거품을 물고서 욕을 하는 경우가 많다.

어느 날 저녁을 하고 있을 때 동료끼리 하는 이야기가 들려왔다. '고나리자, 고나리자'라고 말하는 단어가 귀로 들렸다. 이게 과연 무슨 말인가 하고 고나리자를 조용히 검색해서 찾아보니 이미 회사원들 사이에는 나름 유명한 단어였다.

관리자를 컴퓨터에서 빨리 치다가 '고나리자'라고 오타가 생긴 것을 계기로 꼰대 스타일의 관리자를 욕할 때 빗대어 쓰는 말이라고 한다. 나는 가수 조용필 님이 불렀던 '모나리자'라고 알아듣고 요즘 MZ세대가 '레트로'를 좋아한다고 하더니 옛 가수 노래를 좋아하는구나, 라고 생각했었다. 참 요즘 신생 단어는 위트가 넘치고 일반적인 상상을 초월하는 것 같다. 물론 직장 상사를 욕하는 것은 이해할 수 있다. 나 역시도 직장 상사를 욕했기 때문이다. 고나리자와 함께 특히 사장에 대한 욕도 엄청 실감 나게 한다.

나 혼자 있을 때야 괜찮지만 함께 갔던 우리 동료 앞에서 대표의 욕을 너무 심하게 할 때면 얼굴이 화끈거리고 민망하다. 그럴 때는 조심스럽게 우리 구성원에게 묻고도 싶다. "어디 가서 제 욕을 저렇게까지 하지는 않지요? 그렇지요? 그렇지 않나요??" 영어 시간에 항상 헷갈렸던 부정의문문을 총동원해서 절박하게 확인하고 싶은 심정이다. 욕도 정도껏 해야 하는 것이다.

아! 그런데 별안간 생각났다. 나도 예전에 엄청나게 상사 욕을 했었다. 술 한두 잔 걸치면 거의 쇼미더머니 래퍼 뺨칠 정도로 욕을 했던 것 같다. 그것도 동시다발적, 빠른 스피드로, 여러 명을 대상으로.... 살면서 처지가 바뀌다 보니 과거 내가 했었던 행동들을 잠시 까먹었나 보다. 지금 생각해도 조직 생활은 항상 피곤하다. 자영업을 하는 지금의 인간관계와는 또 다른 긴장감과 피곤함이 항상 있었다.

안 되면 되는 거 하라

고등학교 때 선생님이 너희는 나이가 어리니 죽도록 공부해도 죽지 않는다는 말씀을 하셨다. 다소 무책임한 말씀인 듯하지만 좋은 의도로 말씀하셨을 것이다.

나도 젊어서 죽도록 사랑하고 죽도록 일을 해서 죽었다는 이야기는 별로 들어 본 기억이 없다. 하지만 나이가 들어서 죽도록 무언가를 하다 보면 과부하가 걸려서 죽을 수는 있다. 주변에 이런저런 사례가 꽤 많다. 죽도록 하지 말고 정확하고 현명하게 하는 게 좋다.

열심히만 한다고 결과가 절대 좋아지지 않는다. 쓸데없는 고집으로 가라앉는 배와 함께 침몰하는 우를 범하지 않는 것이 좋다. 요즘 우스갯소리로 "안 되면 되게 하라! 가 아니라 안 되면 되는 거 하라!"라고 하는 말도 있지 않은가. 디지털 시대에 맞추어서 준비를 잘한다면 나이와 관계없이 기회는 언제든지 만들어 낼 수 있다.

다들 성공하고 싶고 지금까지 살아온 인생과 다른 궤적을 이루어 내고 싶어 한다. 하지만 자기 나이, 상황, 의지, 성격 등을 고려해서 시도해야지 몇몇 자기계발서와 에세이 몇 권 읽고 두근거리는 가슴을 주체 못 하고 무턱대고 도전하다가는 미래에 대한 불안한 마음으로 심장병에 걸려 골로 가는 수가 있다. 이건 뒤통수가 아니라 인생의 '외통수'에 걸릴 수 있으니 조심하라는 말이다. 그렇다고 위축되고 도전 자체를 시도하지 말라는 말로 알아듣는 오해는 없길 바란다. 욕심과 조바심이 나서 무조건 뛰어들지 말고 정교하게 사전 연습을 어느 정도 해 가면서 도전하자는 것이다. 그래야 다치지 않는다.

대한민국은 세계적인 교육 강국이다. 일부 특수한 분야를 제외하고 자기 적성에 맞고 자신의 강점을 발휘할 수 있는 분야를 잘 찾아서 6개월에서 1년 정도 반드시 제대로 된 곳에서 교육받고 계획된 연습을 해 나갈 경우 직업을 변경하거나 업종 전환도 가능하다. 너무 여유를 갖고 오래 공부해도 안된다. 자신도 모르는 사이에 그까이거 대충 할 수 있기 때문이다. 단기적으로 혼신의 힘을 다해야 하고 흔들리지 않는 용기가 필요한 것은 물론이다.

유사 이래 창업하기 쉬운 시대?

앞의 이야기에 연속된 이야기다. 세상이 너무 빨리 변하고 있다. 이제는 더 이상 과거의 사고방식과 일반적인 패턴으로 인생을 살아가다가는 어느 한순간에 소리 소문도 없이 사라져 간다. 한때 잘나가던 회사나 개인사업자가 조용히 폐업하고 사라져 가는 걸 주변에서 많이 보게 된다.

"유사 이래 창업하기 제일 쉬운 환경과 세상에 살고 있다! 창업을 하지 않는 것은 멍청한 짓이다. 등" 많은 자기계발서에서 일부 성공한 사람들이 이야기하지만, 현실을 자세히 들여다보면 그 다른 이면에는 "유사 이래 가장 빨리 망할 수 있는 세상에 살고 있다!"라고 말하고 싶다. 어떤 사람은 이런 말을 하는 저를 보고 "저 사람은 삶을 바라보는 시각이 부정적이야. 역시 기업가 정신이 없어."라고 이야기할 수 있을 것이다. 왜냐하면 그런 이야기를 들으면 속된 말로 김이 새기 때문이다. 나도 새롭게 무언가를 시작하고 도전하려는 분들에게 재수 없게 김이 새는 이야기를 하고 싶지는 않다. 하지만 모든 현상은 동전의 양면을 함께 가지고 있다.

진입장벽에 대한 부담이 없어 용기와 의지가 있다면 누구나 창업과 새로운 도전을 할 수 있어서 좋은 기회이기도 하지만 진입이 너무 쉬운 만큼 겪게 되는 경쟁도 상상을 초월하게 치열해져서 웬만한 선수나 프로가 아니면 바로 사라져 버린다. 오래전에 전 세계적으로 유명했던 스웨덴의 유명 그룹인 아바(ABBA)의 '위너 테이크스 올(Winner takes all)의 시대' 즉, 일부 소수가 모든 것을 다 가져가는 '승자독식'이 적용되기 때문이다. 시장이라는 게 정말로 잔인하고 냉혹해서 아주 극소수의 승자만이 모든 걸 다 가져간다. 조용히 사라진 회사나 사람에게는 어떤 누구도 눈길과 관심조차 주지 않는 세상. 그게 바로 현실이기 때문이다.

불안한 미래를 대비하기 위해서 준비하는 것은 적극 환영한다. 실행이 무엇보다도 제일 중요하지만 무턱대고 도전하는 것은 위험하다.

내 주변에 카페, 외식 프랜차이즈 사업을 멋지게 시작했다가 2-3년 안에 소리소문없이 문 닫고 연락조차 안 되는 사람이 제법 많다. 세상은 그렇게 생각같이 녹록하지 않다.

아! 회사 생활하다 카페를 차려서 8년째 살아남은(?) 사장님이 계신다. 이분은 과거에 회사 생활도 훌륭하게 하셨던 분이다. 얼마 전 같이 식사를 했는데 하는 말이 "카페 문 열 때 커피 한 잔 시킨 사람이 저녁에 문 닫을 때 같이 나가는 것에 대해서 어떻게 생각해요?"하고 묻는 것이다. 아! 말로만 듣던 카공족(?)이 있구나, 하는 생각을 했다. 그리고 이어서 하는 말이 "주변에 카페가 너무 유행처럼 많이 생기고 경기까지 좋지 않아 소비자들이 지갑을 열지 않는다."라고 하면서 한숨 쉬는 모습을 보았다. 다시 취업하거나 업종 전환을 조금씩 알아보고 있다고 한다. 아! 정말이지 쉽지 않다. 멋져 보이는 장면들을 가까이 가서 확인해 보면 '신기루'일 확률이 높다. 직장인들을 현혹해서 '신기루' 비즈니스를 사업모델로 하는 사람들을 조심하라. 그 사람들 말만 믿고 실행부터 하다가 신용에 문제가 생기고 결국에는 뒤통수를 크게 맞을 수가 있다.

열심히만 한다는 것은 타성에 빠진 것이다

모두 다 열심이다. 특히 대한민국 사람들은 누구도 열심히 살지 않는 사람이 없다. 난 열심히 하는데 남들은 알아주지도 않고 직장생활을 해도 평가도 제대로 받지 못하는데 뺀질뺀질하게 자기 놀 것 다 놀면서 일하는 꼴 보기 싫은 사람은 승진도 빠르고 약삭빠르게 돈도 많이 번다는 이야기는 항상 술자리 안줏거리 중 하나다.

'활동적 타성에 빠지지 말라'는 이야기가 있다. 미국의 MIT 슬론 경영대학원 도널드 설 교수가 이야기한 말인데 과거 성공했던 방식으로 열심히는 하는데 시대와 변화의 흐름과 맞지 않아서 결국에는 실패에 이르는 기업이 많다는 뜻이다.

활동적 타성(Active Inertia), 즉 맹목적으로 열심히만 하는 것을 활동성을 동반한 타성에 빠졌다고 하며, 이 활동적 타성은 개인과 조직의 발전과 성장에 큰 해를 끼친다.

매일 매일 바쁜 하루를 보냈는데 과연 나는 잘하고 있는 것인가? 혹시 '활동적 타성'에 빠진 것은 아닐까? 한 번 곰곰이 생각해 볼 시점이다.

사랑을 강요해서 될까요?

시대와 주변 환경의 변화에 따라서 기존에 사용하는 용어도 다른 용어로 대체가 되고 절차도 변화를 갖는다. 그것은 지극히 당연하다. 국기에 대한 경례 시 사용하는 문구도 과거에 알던 내용과 제법 많이 달라졌다. 2007년부터 '조국과 민족'에서 '자유롭고 정의로운 대한민국'으로 '몸과 마음을 바쳐' 충성을 다한다는 문구에서 '몸과 마음을 바쳐'가 삭제되고 충성을 다한다는 문구로 개정되어서 오늘에 이르고 있다. 그동안의 시대의 흐름을 잘 반영한 듯하다.

지금 가정, 회사, 사회 곳곳에서 '몸과 마음을 바쳐'의 맹세문을 외운 세대와 '몸과 마음을 바쳐' 구문이 삭제된 맹세문을 경험한 세대 간 갈등의 골이 생각보다 깊다. 이제는 MZ세대를 지나서 태어날 때부터 디지털 환경에 최적화된 디지털 네이티브인 알파세대가 사회로 진출하기 시작한다.

나는 특정 세대를 구분 지어서 이야기하는 것을 그리 좋아하지 않는다. 베이비붐세대, X세대, MZ세대, 알파세대가 공동체라는 한 울타리에서 상호 간의 시너지를 발휘하기 위해서 많은 에너지를 쓰고 노력을 기울일 것이다. 서로 간에 쓸데없는 곳에 에너지를 사용하지 않도록 많은 관심과 배려가 필요하다.

절대로 사랑은 강요해서 되는 게 아니다. 함께 있을 때 편안하고 매력이 넘치고 분위기가 좋은 사람, 회사, 사회가 되면 가만히 있어도 사랑은 나에게로 오게 되어 있다. 혹시 내가 매력적인 사람이 되기 위해서 노력하지 않고 상대방에게만 나를 사랑하라고 강요하고 있지는 않는가? 나는 변하지 않고 남에게만 변화와 혁신을 강요하고 있지는 않는가?

회사 인사 담당 부서에서 '주인의식' 강연을 의뢰받는 경우가 있다. 나는 그 즉시 죄송하다고 이야기하면서 정중하게 거절한다. 주인의식, 충성심, 사랑은 강요할수록 멀어지는 것이다.

회사 브랜드 인간의 종말과 진정한 퇴사 인간

회사 브랜드와 간판에 취해서 자기 자신, 즉 개인의 경쟁력을 키우지 못하고 살아가는 사람들이 많다. 자기소개를 할 때도 개인보다도 회사소속 누구누구, 우리 회사가 강남역에 있어서 인프라가 좋다는 둥 심지어는 SNS 프로필에도 자기 얼굴 대신 회사 사진을 올리는 사람들도 많다. 다 이해한다. 회사 말고는 크게 내세울 것이 없기 때문일 것이다. 나 역시도 한때 그랬던 사람이었음을 시인한다.

회사의 간판이나 명성과 관계없이 자신의 실력과 브랜드를 쌓아나가는 게 매우 중요하다. 과거에도 그랬겠지만 최근 들어서는 더욱 그 패턴과 속도가 빨라지고 있다.

과거와 달리 언제 어느 시점일지 모르지만, 회사를 그만두는 그 순간이 예측할 수 없이 앞으로 달려오고 있고(최근 들어서는 너무나도 빨라졌다), 회사에 다닌다고 해도 아주 일부 사람을 제외하고는 현상을 유지하는 차원이나 가족에 대한 책임과 변화에 대한 불안으로 마지못해 떠밀려서 다니는 경우가 많다.

자신이 어느 정도인지는 잘 알 것이다. 자기 경쟁력이 회사 내에서 어느 정도 자리매김이 가능할 것 같으면 회사에 계속 다니기를 권장하고 싶다.

그 이유는 다들 스타트업 창업가, 기업인 등 멋지게들 창업에 대해서 이야기하고 있지만 창업해서 지속적인 성장을 한다는 것, 아니 먹고 산다는 건 말처럼 쉽지 않다. 자기 이름을 걸고 비즈니스를 해 나가는 건 생각보다 많이 서럽고 어렵다.

이러지도 못하고 저러지도 못하는 게 우리의 현실이다.
하지만 극히 일부를 제외하고는 언젠가 닥쳐올 '퇴사 인간'이 되는 순간을 미리 대비하는 건 중요하다. 솔직히 말해서 퇴사한다고 하더라도 당장 하늘이 무너지지는 않는다. 다들 눈높이를 조정한다면 먹고 살 수는 있다. 퇴사도 미리 계획된 연습을 꾸준히 해서 준비된 퇴사를 한다면 충격도 크지 않을뿐더러 오히려 그동안 마음속으로 준비해 두었던 제2, 제3의 적성과 또 다른 기회를 찾는 계기가 될 수 있을 것이다.

단 여기서 말씀드리고 싶은 건 회사 생활을 잘했던 사람이 사업도 실패할 확률이 적다는 것이다. 회사 생활에 불만과 불평이 많았던 사람은 창업하더라도 여전히 환경 탓, 남 탓을 한다. 불평과 불만이 많기 때문이다. 과거에는 배포가 크고 자잘한 건 따지지 않는 호탕한 사람이 사업을 잘한다고 이야기했었다. 아주 먼 과거의 이야기다.

창업해서 어느 정도 안정궤도에 오른 사람들을 살펴보면 매우 근면하다. 데이터 분석을 수시로 하고 관련이 있는 사람들과의 관계를 잘하는 게 중요하다. 이제는 시대가 투명하고 실력으로 경쟁하는 시대다. 직장생활을 잘했던 사람이 비즈니스도 잘할 확률이 매우 높다는 것이다. 꼼꼼한 사람은 사업을 못한다는 말도 안 되는 이야기는 하지도 말자. 꼼꼼한 사람이 사업을 더 잘한다.

혹시 자신이 남들에게 내놓을 만한 브랜드가 좀 있는 회사에 다닌다면 퇴사와 동시에 신기루처럼 사라지는 그놈의 회사 브랜드 딱지를 미리미리 던져 버리고 생활하는 것을 습관으로 삼기를 진심으로 바란다.

회사 딱지가 떨어지는 그 순간부터 아무도 여러분을 찾지도 않을 뿐더러 관심조차 두지 않는다. 혹시 과거에 형님, 형님 하면서 따랐던 후배들에게도 연락하지 말라. 그들하고 잘 연락이 되지 않을 것이다. 그들이 뒤통수친다고 섭섭하게 생각하지 말라. 인간의 일반적인 패턴을 보인 것뿐이다. 이건 찐이다.

갑과 을은 한순간에 바뀐다

직장생활을 하면서 정말 나를 괴롭게 한 상사가 있었다. 그 상사로 인해서 이직을 항상 고민했던 기억이 있다. 그는 매우 악명이 높고 구성원들을 가만 놔두지 않았다. 그때 생각했었다. 물리적 시간이 이렇게 길게 느껴지는구나 하고. 함께 일했던 시간이 10년 이상 된 듯이 시간이 너무나도 안 갔다. 특히 신중한 성격인 나의 경우에는 과정은 무시하고 스피드와 결과에만 유달리 집착했던 그 상사와 함께 지내는 게 정말이지 지옥이 있으면 이렇겠구나, 생각했었다. 인간적인 멸시는 물론이고 갑질과 괴롭힘으로 점을 보러 용하다는 점집에도 갔었다(말도 안 되는 이야기고, 지금은 후회하고 있다). 생각해 보면 그 당시는 나도 성숙하지 않았고 업무에 몰입하지 못했던 것 같기도 하다. 그분으로서는 답답했었을 것이다.

학교의 경영자과정의 비전임 지도교수를 하고 있을 때의 이야기다. 보통 연말이 되면 경영자과정을 졸업한 원우회(졸업생을 보통 원우라 칭한다)가 마련한 연말 송년회에 초대받아서 참석한다. 그 해를 열심히 보냈다고 서로 격려해 주는 자리다. 올해의 경영자 '대상'과 한 해 동안 노력한 사람들에게 시상하고 한 해를 마무리한다. 과정의 지도교수로서 참석하여 경영자들과 인사도 나누고 덕담도 나누는 시간을 보냈다. 그 행사에서 나를 그렇게 괴롭히던 그 사람도 졸업생 신분으로 초대되어 송년회에서 만나게 되었다. 그때 그 사람이 나를 쳐다보면서 악수를 청하는데 놀란 그 얼굴 표정을 아직도 잊을 수 없다. 만만했던 그 직원이 경영자 과정 지도교수가 돼서 나타났으니 그날 밤 그는 잠을 이루지 못했을 것이다. 나는 그날 모처럼 세상에서 최고의 꿀잠을 잤다. 갑과 을은 상황에 따라 언제든지 바뀔 수 있다.

누워서 보고받는 꼰대

일을 하면 성과를 내려고 죽기 살기로 노력하는 편이다. 돈값은 해야지 나의 정신 건강에도 좋고 무엇보다도 부끄럽기 싫어서다.

모 회사와 함께 글로벌 진출 프로젝트를 하던 중에 있었던 일이다. 정말 모든 방법과 노력을 다해서 다 죽어가는 상황을 정상화해 놓으니, 사람들의 착각이 슬슬 시작되었다. 서로 자기 덕에 잘되고 있다며 '공치사 경쟁'을 하기 시작했다. 하이에나들이 먹이를 쫓아가듯이 숨겨진 이빨을 드러내기 시작하는 것이다. 기껏 잘 살려 놓았더니 본인들이 잘나서 다시 정상화가 된 것으로 생각하며, 이용할 만큼 이용했으니 토사구팽 분위기로 전환, 즉 슬슬 뒤통수를 치려고 준비하는 것을 본능적으로 느꼈다.

정말 힘들 때 함께하고 평생 가자고 해 놓고서 그새 까먹은 모양이다(사실 나는 경험적으로 이런 말을 절대 믿지 않는다). 대부분 다 그렇다. 그러던 중 어느 날 프로젝트와 관련해서 보고하는 일이 있었다. 열심히 보고하고 있는데 다리를 꼬고 의자를 완전히 뒤로 해서 몸을 젖히고 반말을 섞어 어, 응 거리면서 거만하게 보고를 받았다. 하도 뒤로 젖히는 바람에 "흠, 이러다 이 인간이 뒤로 넘어가서 머리가 깨지겠구나." 하는 쓸데없는 걱정을 했다. 좀 있으면 누워서 보고받겠다고 하겠구나, 하는 생각이 들어 돈도 좋지만 이제는 그만 멈춰야 할 때다, 라는 생각을 하고 그 회사와의 인연을 조용히 마무리했다.

제발! 가만히 있기를 바란다 1

얼마 전에 일본의 설계회사인 '사쿠라 구조'라는 회사가 젊은 층의 퇴사가 많아서 2019년에 구성원이 상사를 선택할 수 있도록 '상사선택제' 제도를 도입한 결과 4년 만에 이직률이 11.3%에서 0%까지 낮아졌다는 뉴스를 접했다. 와, 대단하다! 세상에 없던 일이 일어났다. 젊은 구성원이 이직하지 않는다는 것이다. 나쁜 상사와 함께하지 않으니.

정말이지 깜짝 놀랄 만한 기사다. 위 사례를 모든 회사에 적용할 수는 없겠지만 본인하고 잘 맞는 상사와 일을 함께 하면서 많은 소통과 성장을 함께 하는 과정을 거치는 것이 매우 중요하다는 걸 알 수 있겠다.

내가 주로 많이 하는 말 중에 직급은 높은데 공부하지 않고 능력 없는 사람은 의사결정을 웬만하면 하지 말고 "제발 가만히 있어라!"라는 것이다.

솔직히 말해서 급여를 많이 받으면 어떻게든 그 급여 이상의 역할을 해야 하는 것이다. 상사가 의사결정의 질이 낮거나 갑질 등을 통해서 수평적 문화를 해치는 경우, 조직에 큰 해가 됨은 물론 우수 인재의 이탈로 생산성 저하를 가져오는 것은 당연하다.

시대가 바뀌었다. 성과만을 내세워 한정된 권한을 가지고 말도 안 되게 갑질하는 상사, 공과 사 구분을 하지 않는 무례한 상사, 공부 안 해서 의사결정의 질이 낮아 일을 여러 번 하게 만드는 무식한 상사는 구성원의 건강과 발전, 조직의 미래를 훼손하는 것이다.

상사가 급여를 더 많이 받으니 그 역할을 확실히 잘해야 한다. 즉, 밥값을 제대로 하라는 것이다. 그 역할을 하지 못하고 방해되는 일만 하고 게다가 부지런하기까지 하다면 확실한 멍부(멍청하고 부지런함)임이 틀림없다. 항상 멍부 스타일의 리더가 조직과 사회를 망친다.

정말 부탁인데 "제발, 제발 가만히 있어라!"

나 없으면 회사가 안 돌아간다는 말도 안 되는 유치한 착각과 생각을 하지 말고.

제발! 가만히 있기를 바란다 2

운전을 해서 가기에는 제법 거리가 먼 곳에 있는 기관으로 KTX와 대중교통 등을 이용해서 현장 교육이 아닌 화상교육을 진행하고 왔다. 굳이 지역은 밝히지 않겠다. 속상하게도 전국 대부분 많은 곳에서 발생하는 일이기 때문이다. 화상교육이니 강사가 있는 곳에서 진행하면 어떠냐고 하니까, 하는 말이 현장에 있는 비대면 강의장에서 사진 촬영을 해야 한다고 한다. 사진 촬영을 해서 상사에게 보고해야 한다고 한다. 많은 돈을 들여서 만든 비대면 강의장 사진과 현수막을 부착한 것이 꼭 들어가야 한다고 한다. 정말 이런 멍청한 일들이 어디 있나? 정말 아무 생각들 없이 일을 진행해서 돈이 사방에서 줄줄 새고 있다. 말만 하면 제법 알 만한 회사와 기관에서 이런 요청을 제법 많이 받았다.

담당자들이 무슨 잘못이 있겠는가? 공부 안 하고 시대가 어떻게 변하는지 모르는 '모지리 상사들' 때문일 것이다. 현장을 다녀 보면 젊고 스마트한 직원들이 많이 의욕이 꺾여서 힘이 없어 보인다. 패기 있고 멋진 눈빛을 가지고 입사했던 청춘들의 눈빛이 탁하고 멍한 눈빛으로 바뀌는 것은 단 1년이면 충분하다. 서울대 이찬 교수님이 쓰신 글인데 공감이 가는 글이라 함께 공유한다.

"민간기업뿐만 아니라 공공기관도 마찬가지다. 민간기업의 직원들은 소속 조직에 대한 불만이 높아질 때 이직으로 실행되는 경우가 많은 데 비해 공공기관의 직원들은 소속 조직에 대한 불만이 있어도 유체 이탈된 상태로 재직하는 사례가 많다. 이 때문에 공공기관들은 구성원의 불만 요인을 해소하고 직무 몰입을 향상하기 위한 인사 관리가 필요하다."

즉, 민간기업뿐만 아니라 공공기관, 대한민국 전체적으로 소속 회사의 불만으로 이직이 상상을 초월하게 이루어지고 있으며, 직무 몰입도가 떨어지고 있다는 것이다. 사실 매우 심각하다. 다 같이 함께 고민해야 할 문제다. 함께하는 사람이 그래서 정말 중요하다. 그 사람이 살아가는 걸 신바람 나게 해 줄 수도 있고 그 사람 때문에 멀쩡한 사람이 본의 아니게 좀비로도 변하기 때문이다. 사람은 서로 영향을 주고받기 때문이다. 좀비가 되지 않기 위해서 노력해야겠다, 다짐해 본다.

세계적으로 우주 관광이 시작되는 최첨단 시대에 이런 고리타분한 사고방식으로 있는 답답함을 말로 표현할 수 없다. 하긴 이런 것들이 나에게는 새삼스럽지는 않다. 어제오늘의 일들도 아니다. 혁신하겠다고 멋진 구호와 보고를 한다. 그런데 잘 살펴보면 내용은 본질과는 전혀 상관없이 겉으로만 보이는 '무늬만 혁신'인 것이 한둘이 아니다. 일을 진행하는 실무자들만 문제겠는가, 공부를 게을리한 리더들의 문제다. 의욕은 많은데 공부를 안 해서 세상과 박자가 맞지 않는 말도 안 되는 의사결정을 한다. 제발 부탁인데 스마트한 후배들을 위해서 "아무것도 하지 말고 제발 가만히 있어 주길 진심으로 바란다." 진심이다.

눈치(Noonchi)가 없으면 노력해서 나아질까?

눈치(Noonchi)가 유난히 빠른 사람들이 있다. 어떤 사람은 눈치를 일종의 촉이라 하기도 한다. 우리나라 사람들은 눈치가 탁월하게 빠르다. 그래서 외국인들은 대한민국 사람들이 종종 "대충 설렁설렁 정확하게 해!"라고 표현하는 말도 안 되는 말을, 즉 개떡같이 말해도 찰떡같이 알아듣는 걸 정말이지 이상하게 생각한다.

정말 눈치가 빠른 것이다. 그래서 유튜브에서 보면 'Noonchi'를 대한민국에서 살아가는 데 필요한 일종의 문화라고 소개할 정도로 외국인들에게 설명하는 것을 볼 수 있다.

경영자과정을 하다 보면 정규수업 1, 2교시가 마무리되고 우스갯소리로 3교시라고 하면서 교육생과 교수진 간에 소주잔을 한잔 기울이는 경우가 종종 있다. 눈치라는 글을 쓰다 보니 여행사를 경영하시던 호탕하고 배려심 많은 사장님의 말이 생각난다. 여행업계 회식이나 모임에서 건배사를 하는 경우 '하나 되어' 또는 '모두 함께'를 하는 사람은 눈치가 없다는 것이다. 다들 눈치채셨을 것이다. 경쟁사 명칭이 생각난다는 것이다. 그렇다면 제일 눈치 없는 사람은 과연 누구일까? "모두 하나가 되어!"라고 외치는 사람일 것이다. 이렇게 외치는 사람은 둘 중 하나다. 퇴사할 결심을 하고 사장을 먹이려고 하는 것이거나, 아니면 분위기를 잘 맞추는 눈치가 빠르고 유머 감각이 뛰어난 사람이거나.

그럼, 이 눈치는 원래 타고나는 것인가? 아니면 후천적으로 길러질 수도 있는 것인가? 태생적으로 눈치가 빠른 사람들도 물론 있겠지만 후천적인 노력으로도 얼마든지 '눈치와 촉'은 길러질 수 있다. 유명 기업이나 글로벌 최고의 기업들이 핵심 리더를 양성하기 위해서 '학습 민첩성'이란 교육을 많이 하고 있다.

이 말을 좀 쉽게 풀어서 이야기하자면 '세상이 너무 빨리 변하고 있으니 변화를 인식하고 지속적인 학습을 통해서 자신을 변화시키고 주변과의 관계도 (뻘짓하지 말고) 눈치껏 민첩하게 잘하면 승진, 성공할 확률이 높아진다.' 정도로 이해하면 될 듯하다. 말이 학습 민첩성이지 '알아서 눈치껏 주위에 민폐 끼치지 말고 노력하면서 잘 먹고 잘살아라!' 하는 것을 있어 보이게 이야기하는 것이다.

타고나기를 눈치가 빠른 사람은 학습을 통해서 더 좋은 기회를 엿볼 수 있을 것이고, 눈치가 좀 부족한 사람일지라도 먹고 살기 위해서 신경을 좀 곤두세우면 눈치가 빨라질 수 있다고 하겠다. 나도 제법 눈치코치가 많이 좋아졌다. 사업하는 것이 항상 궁지에 몰리는 경우가 많아서 그런가?

기업강연을 하고 나서 이런 생각, 저런 생각

오랜만에 지인에게서 급하게 연락이 와 꽤 유명한 기업에서 강연하게 되었다. 기업의 연수원이나 교육을 진행하는 곳이 대부분 경치 좋은 지방에 있어 강의하러 갈 때는 나도 소풍을 가는 느낌이다.

전에 조직 생활할 때도 항상 생각했었지만, 능동적인 사람들은 시간을 내서 별도로 교육받지 않아도 대부분 알아서들 잘한다. 그런데 교육을 진행하면 이 사람들이 가장 적극적으로 교육에 참여한다. 문제의식도 많고 도전 의식도 많아서 이런 사람들은 강의나 교육을 통해서 더욱 성장하고 발전해 나간다.

반면에 정작 교육이 필요한 사람들은 집중하지 않는다. 의무감으로 교육 시간에 참석하는 사람들은 강사와 교육생 서로 간에 도움이 되지 않는다. 평시에는 바쁘지 않았지만, 교육이 시작되면 전화 통화를 시작하고 SNS를 하느라 이리저리 바쁘다.

우스갯소리로, 하기 싫은데 의무교육이라고 억지로 끌려와서 교육받는 사람을 (전쟁) '포로형 교육생'이라고 한다. 또 어떤 사람들은 교육 시간을 휴식 시간으로 적극(?) 활용하는 '휴식형 교육생'도 있다.

항상 생각했던 것이지만 내부 상황을 잘 모르는 외부 전문가의 잔소리 같은 교육보다는 내부 직원들 간에 살아 있는 목소리를 서로 나누고 경청하면 더 효과가 좋을 텐데, 하는 생각과 함께 언제나 강의하고 난 뒤에는 만족감보다는 씁쓸함이 남는다.

사람이 성장하고 발전하는 것은 어쩌다 하는 일회성 교육보다는 OJT(On the Job Training), 즉 일하는 중에 깨닫는 인사이트와 노하우, 당면한 어려운 문제해결과 업무에 대해 상호 적극적인 피드백이면 충분하다. 물론 이것이 교육보다 효과적이다. 군더더기가 없다.

책임감이 따르고 지루한 교육보다는 레크리에이션, 팀 빌딩을 하는 것도 좋을 것 같다. 이런 액티비티를 하면 다들 웃으면서 즐거워한다. 부담이 없기 때문이다.

전에 유명한 대기업에서 강연할 기회가 있었는데 교육담당자가 많이 웃겨 달라고 요청했다. 일단 나도 먹고사는 문제가 달려 있으니 가능한 한 유연하게 교육하겠다고 했다. 결국 웃기지는 못했다. 코미디도 이런 코미디가 없다. 속으로 그럴 바에야 대놓고 개그맨을 섭외하지 왜 나를 불렀나, 하는 생각도 했다. 물론 기업교육 담당자도 직장인으로서 많은 고민과 애환이 있을 것이다. 그렇다고 회사에다 레크리에이션과 유머 강좌를 대놓고 진행하겠다고 상사에게 보고할 수는 없을 테니까. 요즘은 웬만한 내용은 유튜브, ChatGPT, 블로그 등을 통해서 마음만 먹으면 다 찾아볼 수 있다. 마음을 안 먹어서 그렇지....

순진하고 마음이 독하지 못하다면

순진하고 마음이 독하지 못한 사람이라면 솔직히 사업을 추천하고 싶지 않다. 그렇다고 독하고 모진 사람만 사업을 한다는 것이 아니다. 오해 없길 바란다. 그만큼 사업을 한다는 것이 생각보다 쉽지 않은 일이기 때문이다. 최근 이곳저곳에서 스타트업, 창업 이야기가 쏟아져 나오고 있다. "시작은 쉽다. 망하기도 쉽다. 정신과 몸이 망가지기도 쉽다."

뒤통수와 배신을 당해도 아무렇지 않은 듯 훌훌 털고 일어날 수 있는가? 당장 다음 날 이유 없이 계약 해지 통보를 받아서 몇 개월씩 급여를 받지 않고 견딜 수 있는가? 함께하던 동료가 어느 날 경쟁자가 돼서 내 고객과 미팅하고 있는 그 사람의 뒤통수를 현장에서 보고 견딜 수 있는가? 등등 상상을 초월할 일을 견딜 수 있는 멘탈과 체력을 가지고 있어야 한다.

많이 들어 봤을 것이다. "정말 독해야 사업하는 거야." 아니다! 독하게 일하고 사람 관리하며 그 이상으로 신경 쓸 일을 해내야 한다. 나도 마음이 모질지 못한 편이라 매 순간 사업을 해 나가는 것이 솔직히 너무나도 힘들다. 지금 생각해 보니 나의 성향상 회사

생활이 조금 더 적성에 맞는 것이었다. 회사 생활하면서 지친 상태였고 피곤한 인간관계와 일이 하기 싫었던 걸 (나 스스로 착각하고) 기업가 정신이 있는 걸로 결론짓고 착각해 스스로 회사 밖으로 뛰어나왔다.

살아가는 것은 가정법 과거완료 즉, 'Should have +pp'다. 항상 후회하면서 산다. 다시 과거로 돌아갈 수도 없는 일이고 또 다른 후회가 없도록 현재에 최선을 다하고 있다.

'창업 장사'하는 사람들의 말을 너무 믿지 않기를 바란다. 무턱대고 창업했다가 몸과 마음이 상처받는다. 무엇보다도 경제적 위기에 빠지는 것이 가장 치명적이다. 정말 마음이 요동치면서 나만의 일을 하고 싶다면 아주 작게 N잡 형태로 시험해 본 후에 본인이 창업가 성향인지 확인해 보기를 바란다. '경제적 자유'를 다들 꿈꾸는데 경제적 자유로 가는 길이 창업만 해당하는 건 아니다. 생산 가능 인구가 절대적으로 줄어들고 많은 이직으로 기업은 완전히 비상 상황이다. 앞으로는 더 할 것이다. 우수 인재 확보를 위해서 획기적인 제안들이 많이 나올 것이다. 직장생활도 파트너십 개념이 확장돼서 서로가 윈윈(Win-win)할 수 있는 '세미(Semi) 창업(?)' 수준으로 갈 수도 있다.

크게 주목받지 못해서 그렇지, 성실하고 창의적으로 직장생활을 하면서도 일가(一家)를 이룬 사람도 주변에 많다. 앞서 이야기했듯이 회사에서 창업했다 생각하고 일하는 것도 좋은 방법이 될 수 있다. 세상에는 정답이 없다. 자기 성향과 스타일, 강점을 잘 생각하고 일을 도모하는 게 좋다. 나를 너무 불안하게 하는, 또는 아주 달콤한 이야기는 진실이 아니기 쉽다. 휘둘리지 않기를 바란다.

4장

MZ와 함께 호흡하고 '탈꼰대'하라

상호 성장과 발전이 최고의 가치다

자그마한 교육 컨설팅 회사를 경영하는 나로서 요즘 가장 고민이 되는 부분은 어떻게 하면 회사를 성장시켜서 지속 가능하게, 나름 오래갈 수 있도록 해야 하나 하는 것이다. 그런데 회사 구성원들을 만족시키기가 여간 어려운 게 아니다. 주변의 경영자들도 오래 잘 다닐 것 같아 든든했던 구성원이 어느 날 갑자기 회사를 그만두겠다는 게 가장 두려운 일이라고 한다. 역시 나도 가장 겁이 나는 말이 "사장님 혹시 시간 되시나요? 드릴 말씀이 있는데요."다. 대부분 이렇게 말이 시작되면 신분상의 변화를 알리고자 하는 경우가 확률적으로 높다.

많은 회사에서 조직의 비전을 함께 공유하고 회사철학과 핵심 가치를 내재화하는 교육을 많이 하고 있다. 나도 한때 유명 회사들의 핵심 가치 내재화 교육을 종종 전파했던 사람으로서, 경영을 하고 직원들과 교류하다 보니 구성원들에게는 무엇보다도 금전적 안정감과 회사와 개인이 함께 성장한다는 메시지를 주는 것이 가장 중요하다. 조직의 비전(Vision)과 핵심 가치(Core Value)만 허구한 날 공유하면 뭐 하는가? 서로 간에 이득이 되고 상호 성장이 뒷받침되어야 한다.

경영학자들이 만들어 낸 멋진 영어 문구도 다 필요 없고 회사가 잘 돌아가게 서로 최선을 다하고 뛴 만큼 금전적인 보상이 이루어질 수 있다면 그거야말로 진정 가슴 뛰는 삶이 될 것이다. 사실 기업 조직문화 컨설팅을 다녀 보면 회사의 비전과 핵심 가치는 회사 인사팀과 교육을 맡게 된 컨설턴트만 안다. 직원들은 거의 안중에도 없다. 어떤 때는 사전 인터뷰를 했을 때 회사 대표 자신조차 모르기도 했다.

이런저런 경우를 보면서 이제부터는 남의 회사에 컨설팅하면서 남에게 돈 벌어 주는 것보다 내가 열심히 뛰어서 돈을 열심히 벌어 보려고 한다. 첫 번째 이유는 돈을 많이 벌어서 나는 물론이고 구성원들의 경제적 안정을 찾기 위해서고, 두 번째는 우수 구성원이 금전 문제로 퇴사하지 않게 하기 위해서다. 요즘같이 급변하는 세상에 철학과 공헌, 주인 정신, 헌신 등을 중심으로 과거와 같이 구성원의 동기부여를 한다는 것은 쉽지 않을 것이다. 그러기에는 시대 상황과 세상이 빨리 변해도 너무 빨리 변했다.

우리 회사 MZ는 MZ가 아닌가 봐

나이가 들어가는데도 식욕이 크게 줄어들지 않는 것은 환영할 만한 일인지 우려해야 하는 일인지 조금씩 고민이 된다. 구성원들과 식사를 함께 할 때도 내가 가장 청년 정신을 발휘하면서 먹는 것 같아 어떨 때는 민망하다.

그럴 때 나는 위대한(위가 큰) 사람이라서 그렇다고 꼰대 스타일의 아재 농담을 하면서 민망함을 무마하기도 한다. 진정으로 위대한 사람과 회사로 거듭나서 나를 비롯해 항상 고생하고 있는 우리 구성원들도 기를 펴고 행복하게 살아가면 좋겠다. 작은 회사인데도 항상 열과 성의를 다해 주어서 우리 구성원들에게 매번 고맙다. 진심으로 보답하고 싶다. 우리 회사 내부에서 하는 이야기지만 "우리 회사 MZ들은 다들 요즘 MZ가 아닌가 봐!"

매스컴이나 사회 분위기가 MZ는 뭐가 다르다고 너무 몰고 가는 듯하다. 기성세대와 신세대 간 사고의 차이는 항상 존재해 왔다. 뭐가 그리 특별하다고 호들갑을 떠는지 모르겠다. 왜 특정 세대가 이상하게 사고하며 행동한다고 연상되도록 '프레이밍'을 하는지 모르겠다. 적정하게 하면 좋겠다. 이제는 좀 물린다.

한마디 하겠다. MZ세대가 더 윤리적이고 오히려 담백하다. 한 만큼 정당히 대우받고 기울어진 운동장을 바로 세우고자 하며, 어떤 경우에는 기업가 정신을 발휘해 승부수도 크게 던진다. 내 주변 사장들은 죄다 MZ다. 그들은 기성세대처럼 거짓 웃음을 하면서 속에 없는 말을 빙빙 돌려대지 않는다. 정답이 있으면 곧바로 서로 이야기한다.

X세대였던 나도 젊었을 때 X세대 싸가지가 없다, 태도가 맘에 안 든다는 이야기를 귀에 못이 박히도록 들어 왔었다. 베이비붐세대 입장에서는 X세대가 바른말을 잘하고 문제를 제기하는 세대라고 느꼈을 것이다.

하긴 그 옛날 기원전인 4,000년 전에도 세상이 힘드니 공무원을 하라는 아버지가 아들에게 하는 말씀이 파피루스라는 종이를 통해 전해졌고, 아리스토텔레스가 살던 먼 과거에도 "요즘 친구들은 예의범절이 없어 인사들도 잘 안 해"라고 했다고 한다. 현재 경제, 사회 모든 영역의 바통을 이어받고 달려 나가고 있는 MZ세대들 그리고 앞으로 주역이 될 알파세대들도 앞선 기성세대들의 말에 너무 휘둘리지 않았으면 좋겠다. 여러분들은 깔끔하고 멋지게 잘하고 있으니까.

조용한 사직 vs 조용한 해고

'대퇴사의 시대'니 '조용한 사직'이니 말이 많다. 사람들이 나간다고 걱정하더니 이제는 경기가 안 좋으니 '조용한 해고'가 유행한다고 한다. 정신이 없다, 하도 변화가 빨라서.

얼마 전 MZ세대 퇴사를 막기 위한 세미나에 참석했다. 많은 인사담당자가 문전성시를 이루었다. 뭔가 엄청 복잡했다. 어려운 용어도 많이 나오고 퇴사를 예측하는 빅데이터와 AI 사례 발표도 이루어졌다. 내가 항상 싫어하는 점이 어려운 용어를 써서 사람 헷갈리게 하는 것이다. 화려했는데 잘 살펴보니 근본적인 해결책이 되기는 어려울 듯 했다. 퇴사를 막는 솔루션은 먼 곳에 있지 않다. 뭐든지 내부가 아닌 외부 전문가에게 정답을 얻으려고 안간힘을 쓰니 해결이 되질 않는다.

AI, Big Data 등을 동원해서 퇴사자를 막아 보자는 생각을 할 시간에 조직문화 개선과 구성원의 역량개발과 강점을 발휘할 수 있도록 조직의 환경을 조성하는 데 힘쓰는 것이 좋을 것이다(어려운 말 쓰는 컨설팅 회사 좋은 일 하지 말고). 구성원이 퇴사해서 새로운 구성원으로 교체되면 많게는 연봉의 두 배 가까이 비용이 많이 들어간다고 하니 호미로 막을 것을 가래로 막는 일을 하면 안 될 것이다.

구성원들은 회사에서 성장과 발전을 할 수 있다는 생각이 들면 절대 나갈 일이 없다. 그들은 성장을 통한 몰입을 경험하고 성공 경험을 진정으로 원하기 때문이다. 제발 착각하지 말지어다. 요즘 MZ는 기름지지 않고 오히려 담백하고 담대하다. 그런 환경을 제공해 주는 것이 선배 세대가 해야 할 일이다.

MZ세대와의 부산 출장

부산은 나하고는 어떤 연고도 있는 곳이 아니다. 그런데 매번 갈 때마다 마음이 편안하다. 하는 일이 글로벌 마케팅과 관련된 일이라 그런지 부산에 오가며 보는 높게 쌓아진 컨테이너, 바다 위에 떠 있는 대형 선박을 보면 왠지 마음이 웅장해지면서 든든하다. 대한민국은 수출로 일어선 나라이기 때문일 것이다. 해운대, 동백섬 등 멋진 경치는 말할 필요가 없이 좋다.

항상 열심인 회사 MZ세대 구성원 2명과 함께 부산역에 도착했다. 만날 시간은 오전 10시 30분, 만날 장소는 부산역 1층에 있는 '올리브 영' 앞, 차편은 오고 가는 것을 출장자들 각자 알아서 예매하기로 했다. 잠시 이동해서 '아아(아이스 아메리카노)'를 한 잔씩 하고 택시를 불러서 최종 목적지인 기장으로 함께 이동했다.

서로 간에 일로 만난 사이인데 불편치 않게 이동하는 것이 좋을 것 같아서 출장을 갈 때면 가능한 한 자율적으로 목적지에서 만나는 것을 원칙으로 하고 있다. 서로 호흡이 찰떡궁합처럼 맞는 MZ 두 사람도 이동하는 것은 각자 다른 자리로 했다고 한다. 서로 간에 호흡이 잘 맞고 친한 것과 독립성을 확보하는 것은 별개이기 때문일 것이다. 고객사 임직원분들 앞에서 제안하고 회의하는데 함께 간 젊은 동료들이 전혀 주눅 들지 않고 멋지게 잘한다. 요즘 MZ세대는 실력과 함께 자신감이 있다.

가족끼리도 먼 거리는 함께 이동하는 것이 부담스러울 수도 있는데 가족과 친구도 아니고 사회적 관계인 사람들과 먼 곳을 새벽부터 만나서 바로 옆자리에서 이런저런 해야 할 말을 만들어 가는 에너지를 쓰면서 함께 이동하는 것은 불합리하다는 생각을 옛날부터 했다. 과거 회사 다닐 때 상사와 열흘 넘게 해외 출장을 갈 일이 있었다. 테러블! 정말 힘들었다. 과거 이야기지만 출장비를 아껴서 선물이라도 사 가려고 같은 방에서 각자 침대를 놓고 자는 경우가 종종 있었다(물론 상사들의 요청이다). 오 마이 갓! 그때 함께 갔던 상사는 워낙 부지런했기 때문에 새벽 일찍 일어나 샤워하면서 노래를 크게 불렀다. 24시간 중에 잠깐 눈을 붙이는 시간을 제외하고는 사실상 일을 하는 상황이었다.

서로 간에 적정한 물리적 거리와 심리적 거리가 꼭 필요하다. 같이 붙어 있다고 한마음 한뜻이 되지 않는다는 것은 다들 경험으로 알고 있을 것이다.

MZ세대와 일하는 게 어렵다고들 하는데 합리성을 생각하고 함께하면 오히려 편하고 좋다. 시원하게 아아를 한잔하고 있는데 높은 상사를 모시고 가는 것인지 옆에 수행원처럼 보이는 사람이 많은 짐을 들고 계속 비위를 맞추면서 상사와 이야기하고 있다. 매우 힘들어 보인다. 물론 거만하게 생긴 상사는 (잘난 나를 누가 봐주지 않나 의식을 하는지) 서류 가방 같은 작은 짐만 들고 팔자걸음으로 느릿느릿 걷는다. 이러한 윗사람의 시중을 드는 가방모찌(좋지 않은 뜻으로 쓰이는 일본어임) 문화는 과연 없어질까? 젊은 사람들이 힘을 내서 더러운 관행과 조직문화를 없애 주면 가능할 듯하다.

난 라떼를 마시면 꼭 설사를 한다

'라떼는 말이야'를 많이 하는 사람은 정신적으로 둔감한 사람이라고 생각한다. 남의 입장에 대해서 에너지를 써서 생각하거나 고려하지 않고 자기만 잘났고 상대방은 부족하다는 우월한 생각에서 이야기하는 것이다. 자기만 생각하며 주장하는 게 근간에 깔려 있기 때문이다.

난 민감한 성격과 민감한 장을 가지고 있어서 그런지 라떼를 마시면 꼭 예측하지 못한 시간과 장소에서 급한 설사를 한다. 그렇기에 나는 라떼를 멀리하려고 노력한다. 그만큼 라떼(때)는 무서운 것이다.

그럼, 가족 간에는 과연 '라떼'가 통할까? 가족들도 '라떼'는 좋아하지 않을 것 같다. 그래도 집에서는 나름 괜찮지 않을까. 집에서조차 하지 못하면 막상 할 곳도 점점 없어지고 있어 속이 터질 터이니….

무엇보다도 화장실이라는 안전장치가 바로 옆에 있으니 자주는 아니라도 어쩌다 '라떼'를 하시길 바란다.

'라떼'를 이야기할 때는 항상 조심할 필요가 있다.

'라떼는 말이야'보다는 '요즘은 말이야'로

'라떼는 말이야'라는 말이 이곳저곳에서 화두다.
자꾸 옛날 좋았던 시절 이야기를 한다는 이야기겠다. 즉, 현재보다는 과거에 머물러 있는 사고방식을 나타내기 때문이다. 그래서들 현재 시점을 사는 사람들에게는 듣는 순간 지루하고 함께하고 싶지 않다. 즉, 그 사람을 보기도 부담스럽고 의견을 듣는 것도 지루하고 정말 싫다는 것이다.

그런데 이 경우엔 조금 살펴볼 필요가 있다. 라떼 이야기는 젊은 세대가 기성세대에 대한 반감이라 생각할 수 있는데 이런 물리적, 즉 나이를 기준으로 이분법적으로 나누면 사회적으로 매우 위험해지고 사회적, 경제적 비용도 많이 들어갈 것이다.

같은 연령대에서도 이런 과거 이야기를 들으면 현시점을 열심히 살아가는 기성세대로서도 그 사람을 피하고 싶다. 심지어는 나이가 젊은 청춘들에게도 관료적이고 과거형 사고와 말을 듣는 경우도 종종 있다. 젊은 나이대의 동료들 간에도 세대 간의 갭(Gap)이 아니라 1~2년 차이가 난다고 하는 '젊꼰(젊은 꼰대)'도 은근히 성장세를 보인다. 시대가 너무 빨리 변하기 때문이다.

나이가 들어도 젊은 사고를 하는 사람이 있고 나이가 어려도 늙은 사고를 하는 경우가 있다. 모든 게 케바케(CBC, Case By Case)다. 나이 먹은 사람들이 꼰대일 확률이 높다고 이야기해야지, 나이 들었다고 꼰대는 아니다. MZ세대는 이기적이라고 획일적으로 이야기하는 것도 너무나도 위험하다. 우리 회사 구성원들은 모두 MZ인데도 그렇지 않다.

이런 O, X를 요하는 이분법적인 극단적 사고는 많은 사람의 관심을 끌어들여 이익을 얻으려는 사람들이나 집단이 주의를 끌려고 속칭 사회에다 '약을 치는 것'이다.

다시 본론으로 와서 말이나 대화할 때는 의식적으로 좋은 에너지를 주고받을 수 있도록 노력하는 것이 좋다.

"요즘은 말이야"는 현재를 사는 사고방식이다.

요즘 어떤 게 유행이지?
요즘 어떤 사고를 하고 어떤 말을 하며 요즘 어떤 패턴으로 세상이 돌아가는지에 관심을 두고 몰입과 집중을 해서 살아가야 한다.

미래를 예측할 필요도 없다. 다들 경험했듯이 내 생각대로 미래가 그려지기는 쉽지 않다. 요즘, 즉 현재에 충실하면 미래라는 결과는 반드시 좋아지기 때문이다.

'요즘은 말이야'라는 말 뒤에 긍정적인 내용을 담아서 이야기하라.

아까도 이야기했지만 나이가 있을수록 꼰대일 확률이 높긴 하다. 과거 이야기는 술좌석에서 옛날 친구나 동료들과 함께 추억을 그리면서 나누자. 자꾸 옛날 향수나 과거에 머물러 있다면 꼰대가 되는 것이다. 항상 의식하고 조심하자.

얼마 전에 가족들과 함께 경복궁 옆에 있는 서촌에 가서 이런저런 구경을 하다가 음식점에 들렀다. 때마침 식당에서 '추억의 도시락'을 팔고 있길래 예전에 엄마가 해 주신 '분홍 소시지'가 생각이 나서 딸에게 엄청 맛있다며 같이 먹자고 했다. 한 젓가락 먹더니 아빠에게 낚였다는 표정을 하면서 "맛있기는 뭐가 맛있어. 맛이 밍밍하고 뭔가 이상해!"라는 게 아닌가! 나만 '라떼의 추억'을 가지고 분홍 소시지를 먹은 것이다.

요즘 MZ는 약과, 꽈배기 등 '레트로(옛날) 간식'을 좋아한다는 이야기를 접했는데 딸에게 조금 섭섭한 마음이 들었다. 그런데 나도 먹어 보니 요즘 소시지에 비해서 맛이 차이가 나는 게 아닌가. 가는 길에 이미 나의 입맛까지도 길들인 프랑크 소시지나 사서 가야겠다. 분홍색 소시지에 뒤통수를 치는 것 같아서 괜히 미안하다.

오늘도 역시 음식으로 '라떼의 추억'을 한 건 했다. 항상 긴장을 늦추지 말아야겠다.

나는 라꼰, 라스트 꼰대인가 보다.

사무실에서 이런저런 일을 하고 있는데 막내 매니저가 내 얼굴을 보더니 눈이 빨갛다고 이야기했다. 얼마 전에 눈 수술을 한지라 깜짝 놀라서 거울을 보니 흰자위 있는 부분에 실핏줄이 터져서 눈이 빨간색으로 변해 있었다. "왜 눈이 시뻘겋게 변했지? 요즘 돈 벌려고 눈이 시뻘게질 정도로 너무 몰입했나?"라는 엉뚱한 생각과 불안한 마음이 동시에 들었다. 시간을 보니 오후 6시 15분 전, 재빨리 인근 안과에 전화해서 퇴근 시간을 확인했다. 6시라는 말에 바로 앞이라 6시 전후로 도착할 것 같다고 하니 반드시 6시까지 도착해야 한다고 나에게 다짐에 다짐을 더했다.

정말이지, 전날 술 마시고 속에 탈이 나서 급하게 공중화장실로 날아가는 것처럼 번개와 같은 속도로 달려갔다. 도착하니 6시 2분, 불은 꺼져 있었고 직원들 여러 명이 함께 퇴근하고 있었다. 의료분야 관계자들이니 지푸라기라도 잡을 심정으로 눈을 보여 주면서 괜찮겠지요? 하고 물었더니 내일 오전에 오란다.

그렇게 조금 전에 그 병원에서 수술한 사람이니 1~2분만 기다려 달라고 사정을 했었는데… 너무 매몰차다는 생각이 들었다. 나름 젊은 세대를 이해한다고 쿨한 척하며 사는데 막상 이런 일을 겪고 나니 섭섭함이 앞섰다.

순간, 가난은 나라의 임금님도 구제하지 못한다는 이야기가 머리를 스쳤고, 퇴근 시간 역시 임금님도 막을 수 없다는 생각을 하고 말았다. 최근 몇몇 국가에서 퇴근 후나 휴일에 회사와 연락을 금지하는 법률(연결되지 않을 권리)이 생겼다는 신문 기사도 얼마 전에 읽고 워라밸을 잘 맞추어야 한다고 생각했던 바라 이해할 수 있었다.

다시 사무실로 갔더니 뛰어나갔던 사장이 걱정된다면서 우리 구성원들이 퇴근하지 않고 기다리고 있었다. 순간 눈물이 왈칵 날 뻔했다. 정말 고마웠다. 퇴근 시간 지났으니 어서들 퇴근하라고 말하면서 아까 섭섭했던 마음을 달랬다. 연결되지 않을 권리… 나도 예전에 회사 생활했을 때 그랬다. 사업하는 사람이 돼 보니 고객, 직원과 항상 연결되기를 마음으로 원한다. 사람 마음이 정말 간사하다. 나는 급변하는 디지털 시대를 살아가는 라스트 꼰대, 라꼰인가 보다. '라꼰', 잘 적응하면서 살아 보자 파이팅! 라꼰!

청년들에게 종종 미안하다는 생각을 한다.

종종 대학생들과 프로젝트를 함께 진행하다 보면 정말 기가 막힐 정도로 일 처리를 잘한다. 그야말로 '일잘러(일을 잘하는 사람을 말하는 신조어이다)'다. 물론 반짝이는 실용적인 아이디어는 덤이다. 교육열이 높은 대한민국에서 수많은 경쟁을 이겨 낸 학생들의 경쟁력은 실로 대단하다. (하지만 그들은 모른다. 자기들이 경쟁력을 갖추고 있는지 비교치도 없고 막상 시험해 볼 곳이 없어서) 전에 대학 다녔을 때를 한번 생각해 보았다. 그 당시는 경기가 매우 좋았다. 한참 성장을 하던 시기라서 많은 곳에서 인재를 지속적으로 충원했다. 회사에서 경쟁적으로 사람을 채용해서 전혀 인재(人才)가 아닌, 어딜 가도 사고를 칠 수 있는 포텐이 있는 인재(人災)들도 나름 이름 있는 회사에 입사할 수 있었다.

그렇지만 운의 유효기간은 그리 길지 않다. 역시 지나칠 정도로 운이 좋았던 사람들은 어느 정도 시간이 가면서 적응하지 못하고 회사를 나오거나 쫓겨나는 수순을 거쳤다. 어떻게 생각하면 인생은 참 공평하다.

'저렇게 술을 퍼마셔도 회사에 합격할 수도 있구나' 하던 거의 알코올 중독 수준의 사람도 당당히 합격했다고 하며 양복을 빼입고 자랑하던 게 생각난다. 요즘 젊은 청춘들의 실력과 노력으로 만약 그 시대에 살았더라면 정말 대단한 인재들이었을 것으로 생각해 본다. 인생 후배들을 위해서 경제적, 사회적 모든 면에서 발전시키지 못한 것 같아서 몹시 씁쓸하고 한편으로는 정말 미안하다.

비울수록 채워진다?, 내가 없으니 더 잘된다

사람이 옆에 없다고 해서 일이 안 되거나 사람이 옆에 붙어 있다고 해서 일이 잘 진행된다는 이분법적 사고는 위험할 수 있다. 제주에서 한 달에 절반 정도를 지내서 처음에는 회사 걱정을 많이 했다. 그런데 걱정과 달리 오히려 회사 운영이 매끄럽게 잘된다. 구성원들은 능동적이고 창의적으로 변해 갔다. 어쩌다 서울 사무실에서 보면 오랜 벗을 만난 것처럼 반긴다.

본의 아니게 부담 주지 않는 사람이 된 것 같다. 물리적으로 불가능하다 보니 구성원에게 자연스럽게 권한을 위임하게 되었다. 처음에는 너무 불안했었는데 헛되이 보내는 시간을 줄여서 오히려 생산성이 높다.

줌(Zoom), 노션(Notion), 잔디(JANDI), 구글 워크스페이스 등 디지털 업무 협업툴이 너무 잘되어 있어서 기가 막히게 일의 진행 상황을 실시간으로 알 수 있고 바로 협의할 수 있다.

제조업이나 현장 중심적인 업종은 예외일 수 있으나 기획 그리고 지식서비스나 플랫폼을 활용한 비즈니스 등 다양한 분야의 사업에서는 비대면이나 하이브리드 방식으로 얼마든지 성과를 낼 수 있고 그런 사례도 쏟아져 나오고 있다.

서로 간에 신뢰하는 것도 꾸준한 연습이 필요하다. 일부 소수 직원을 제외하고 국내외 직원이 비대면 재택근무를 하는 국내 회사가 창립한 지 몇 년 만에 300억 원 이상 매출을 낸 것은 이제 그리 놀랄 일도 아니다.

옆에서 쓸데없는 이야기와 간섭이 덜하니 오히려 생산성이 높아지고 조직문화도 발전해 가고 있다. 참 희한한 일이다.

스포츠도 마음을 비우면 더 좋은 성과가 난다더니 비즈니스와 회사 생활도 그런가 보다.

30대도 불안정한 시대

요즘 경기가 안 좋아서 예상했던 것보다 일찍 회사와 인연을 마무리하는 경우가 많다. 스트레스를 하도 많이 받아서 중년의 나이에 돌연사하는 사람들도 제법 많다. 긴장과 불안을 감당하지 못해서 귀가 안 들리는 사람도 있고, 정신적으로 충격을 받아서 병원의 도움을 받으면서 살아가는 분들도 있으며, 주변에 말하지 못하는 슬픔을 혼자 간직한 사람들도 많이 생기고 있다. 이제는 퇴직 연령대가 점점 내려와 50대는 말할 것도 없고, '장년'에서 '중장년' 생애 설계란 이름으로 40대까지 내려오며 확산하고 있다.

오늘 서울에 일이 있어서 제주에서 서울로 가던 중 버스에서 TV 광고를 우연히 보았다. 3050 미래를 대비해서 공부하라고 한다. 예상했지만 30대까지 불황의 그늘이 덮쳤다는 걸 보니 마음이 착잡하다. 그럼, 이제는 '청중장년' 생애 설계의 시대가 된 것인가? 항상 미래가 불안하다. "누구도 여러분을 책임져 주지 않는다!" 왜냐하면 자기 하나 살아 나가기도 힘들기 때문이다.

전에 서울서 봤던 홍보문구가 별안간 생각이 났다. 용기를 주기 위한 문구일 것이다. '반전의 후반전'이란 표현인데 30대는 전반 시작도 제대로 못 하고 이제 조금 몸 풀고 있는데 반전의 후반전을 준비하라고? "와! 이거 너무한 거 아닌가?" 정말 슬프다.

어쨌든 퇴직과 전직 등을 하는 사람에게 말하고 싶다.
자기가 몸담은 주변에서부터 시작하라 하고 싶다. 자기가 잘 아는 곳, 분야, 뭐든 좋다. 막연히 좋을 거라고 상상만 했었던 낯선 곳이나 낯선 분야로 가면 예상치 못한 봉변을 당할 수도 있다. 항시 어딜 가나 터줏대감들이 있다. 그들 비위를 맞춰 가면서 다시 적응하기도 쉽지 않을 것이다. 파랑새는 항상 옆에 있다고 하지 않았는가? 주변을 잘 관찰하고 살펴보면 생각지도 못한 기회가 있다. 조바심을 멀리하고 하나하나 착실히 준비해 나가면 좋은 일이 반드시 찾아온다. 이럴 때는 조금 의도적으로 둔감해져도 좋다. 기회는 반드시 온다.

사람을 신뢰한다는 것은

젊고 활기차면서 자유롭게 의사소통을 할 수 있는 조직문화 조성 차원에서 회사 로고가 가슴에 새겨진 후드 티를 주문했다. 요즘과 같은 불경기에 복장을 통해서라도 '파이팅'을 해야 견딜 수 있을 것 같아서 한 일이다. 후드 티를 입으면 고정관념에서 탈피해 무언가 창의적인 생각이 더 많이 날 것도 같고 젊은 청춘과 같이 도전 의식과 패기가 생기는 것 같다.

항상 궂은 일을 마다하지 않고 열심히 일하고 있는 구성원에게 디자인에서부터 마무리까지 혼자서 진행해 보라고 했다. 얼마 전 전시회에서 만나 명함을 교환했던 회사와 접촉해서 이리저리 의논하는 등 열정적으로 작업을 한 결과, 드디어 기대하던 후드 티가 도착했다.

한껏 기대하고 후드 티를 이리저리 살펴보는데 회사 로고가 왼쪽 가슴이 아니라 왼쪽 가슴 아래, 자세히는 명치 높이 정도에 있었다.

아! 우리 매니저가 다행히 나를 싫어하지는 않는가 보다. 나이가 들어 중력의 힘을 견디지 못하고 늘어져 가는 나의 가슴 위치에 맞춤형으로 회사 로고 위치를 맞추었구나. 조금 더 있으면 로고가 배꼽 위치까지 가겠구나, 하는 웃픈 생각을 하면서 세월의 한계를 이겨 내지 못하고 늘어져만 가고 있는 나의 신체와 근력운동을 꾸준하게 하지 못한 나를 탓했다.

요즘은 머리카락도 힘이 빠지는지 금세 풀이 죽는다. 장마철이면 더 심하다. 예전에는 철 수세미처럼 강한 머리카락을 자랑했었는데…. 샴푸 대신 비누로 머리를 감으면 그나마 풀이 죽는 속도가 좀 더뎌진다.

영화 '카모메 식당'을 종종 본다. 마음이 복잡할 때 보고 있으면 차분하게 마음이 안정되기 때문이다. 원작자인 무레요코 님의 책도 그 덕분에 좋아하게 되었다. '예고도 없이 나이를 먹고 말았습니다'란 책에서 나이가 들어가면서 정수리 부분이 납작해져서 샴푸로 머리를 감는 대신 비누로 머리를 감는다는 작가님의 이야기를 읽고 "아! 사람은 어디서나 비슷한 고민을 하면서 살아가고 있구나" 하는 생각이 머릿속에 스친다.

일단 사람과 사람 간에 어느 정도 신뢰 관계가 형성된 다음에는 작은 실수 정도는 웃어넘길 수 있는 여유가 마음속에 생긴다. 신뢰는 모든 걸 품고 갈 수 있는 큰 사람의 마음과 같다. 아무리 생각해도 정말 멋진 단어다.

실수했지만 그리 밉지도 않고 그 작은 실수조차도 귀엽다. 항상 능동적으로 도와줘서 고마워요.

그대여, 여전히 크게 한 방을 노리고 있는 건가?

이 세상 살아가면서 한 번에 크게 성공을 이루는 일은 절대로 없을 것이다. 그대여 여전히 크게 한 방을 노리고 있는 건가? 그러나 알다시피 절대 한 방은 없다. 아. 그런데 한 방은 있다. '훅, 하고 나락으로 가 버리는 한 방'이, 그런 한 방은 주변에 널리고 널렸다.

꾸준한 공부, 기회 탐색과 포착 그리고 지난한 노력과 기다림이 종합적으로 융복합을 일으켜야 성공할까 말까다. 그런데 일부 사람들은 한 번에 모든 걸 해결하려고 한다. 나 역시도 예외가 아니었다. 분야는 달랐지만 한 번에 인생을 역전하려는 욕심과 탐욕이 앞서서 한 방에 훅 간 일이 크게 보면 세 번 정도 되는 것 같다.

교육과 컨설팅을 하다 보면 MZ세대, 대학생, 청년층과 만날 기회가 많다. 그런데 교육장 안에 있다 보면 남자 교육생들을 보기가 쉽지 않다. 있긴 하지만 그 수가 매우 적다. 한 번 그런 것도 아니고 매번 교육장의 분위기가 그렇다. 다들 사정이 있을 것으로 생각한다. 교육생의 성비를 분석해 보면 거의 60% 이상이 여성들이다. 어떤 경우에는 70% 이상이 여성으로 구성되는 때도 있다. 나도 남자니 만큼 남자들의 성향을 누구보다 잘 알고 있다.

남성들이여 차분차분하게 공부하고 준비해서 기회가 나타났을 때 확실한 한 방을 날려서 승부 보기를 부탁한다. 특히나 요즘과 같이 경기가 좋지 않을 때는 방망이를 아주 짧게 쥐고 타석에 들어서야 한다. 그래야 내야 안타라도 쳐서 역전을 모색할 수 있다. 그 잘하는 미국 유명 프로야구 선수 오타니 쇼헤이가 아닌 이상 매번 홈런 칠 확률이 높지 않다. 이 세상에는 준비와 훈련이 생략된 채로 한 방에 일이 성사되고 마무리되는 일은 절대 없다.

나도 많은 반성을 하고 이제는 나름 착실하고 성실하게 살아가는 중이다. 그런데 마음속에서는 욕망과 한 방이라는 이 녀석들이 누르고 눌러도 꿈틀꿈틀한다. 언제 다시 짠하고 튀어나올지 모르겠다. 한 방에 인생을 역전하는 경우는 절대 없다.

MZ 직장인들의 엑시트(EXIT) 전략

과거에는 한 직장에서 뼈를 묻겠다는 각오로 직장생활을 시작하는 것이 일반적이었다. 요즘은 한 직장을 평생토록 다닌다는 것이 사실상 불가능한 시대다.

사람들의 이른 퇴사는 더 이상 이야기할 것도 못 된다. 이미 일상화되고 자연스러운 현상이니까. 또 다른 이유는 회사의 존속 여부다. 회사가 10년 이상 생존하는 게 어려워서다. 아무리 내가 이 회사를 평생 다니고 싶어도 공무원이나 공공기관을 제외하고는 언제 회사가 사라질지 모르는 상시적 위기의 시대다(앞으로는 공공 분야도 과거와 같이 평생을 담보하기 어려울 듯하다).

유명한 경영 사상가인 피터 드러커가 3년 정도를 주기로 기업의 미션을 재점검하라고 이야기했듯이 기업의 제품, 서비스의 라이프 사이클의 수명이 과거에 비해 엄청나게 짧아지고 있는 것을 고려해 보면 2~3년마다 새롭게 회사를 설립해야 한다는 각오로 경영하지 못한다면 어느 순간에 폐업이 눈앞에 다가온다. 디지털 혁신으로 그 주기는 더욱 빨라질 것이다.

최근 들어서 '입사와 동시에 퇴사를 준비하라'라는 이야기는 유행이 아니라 직장인들의 기준이 된 지 오래다. 내 주변에도 이직을 원하는 사람들에게 퇴사 준비 컨설팅을 해 주는 이들이 눈에 자주 보인다. 스타트업 기업들이 이야기하는 엑시트(EXIT) 전략이 개개인에게 적용이 되는 시대다. 몇 년마다 엑시트를 해서 연봉을 올려라, 가슴 뛰는 일을 하기 위해 당장 1인기업을 준비하고 시작해라 등 언뜻 들으면 멋진 이야기들 천지다. 어떤 경우에는 한 직장에서 최선을 다해서 일하고 있는 사람이 오히려 비정상인 듯하게 보이기까지 한다.

말씀드리고 싶은 것은 자기의 상황과 현 위치를 잘 분석해서 자기 주관을 정확하게 갖고 그런 멋진 정보를 접하면 좋겠다. 전문가나 컨설턴트들은 수많은 사례 중에서 아주 소수의 성공적인 사례가 전부인 듯이 이야기한다(물론 성공 확률이 높은 사람들도 많다. 오해 없기를 바란다).

C레벨(C-Level, 경영자급), 탑티어(Top-tier, 일류의), 알앤알(Role&Responsibility, 역할과 책임) 이런 영어와 전문용어를 많이 사용하는 사람을 너무나도 많이 보아 왔다. 누구보다도 최고경영자와 부자들을 많이 봐 왔던 나의 경험을 말씀드리자면 진짜 실력자는 남들이 들었을 때 어렵게 느껴지는 말이나 전문용어를 잘 사

용하지 않는다. (관련 분야 사람들간에 이야기하는 것은 물론 예외이다.) 굉장히 어려운 이야기도 중학생, 할머니, 할아버지가 알아들을 수 있는 수준으로 이해하기 쉽게 이야기한다. 이것이 진정한 고수다. 어디 정해진 정답이 있겠는가? 잘 관찰하고 꼼꼼히 살펴보면서 살아야 한다.

직장도 프리미어리그처럼 될 것이다

FA라고 여러분들은 들어 보셨을 것이다. Free Agent, 스포츠에서 주로 사용되는 용어다. 자유계약(신분, 선수)이라고 해서 특정 구단, 팀, 소속사와 계약이 만료되면 자유롭게 계약을 맺을 수 있다는 뜻이다. 주로 실력이 좋은 스포츠인이나 최근 들어서는 연예인들도 해당하고 있다.

직장생활도 사실상 앞서 말한 평생 고용의 시대가 지나고 일부 특정 업종을 제외하고는 자유롭게 퇴사와 입사가 상시로 이루어지고 있다. 사실상 이러한 흐름을 막을 수 있는 사람도, 제도도 없을 것이다. 그리고 이 속도는 상상을 초월하게 빨라질 것이다.

이제는 회사도 달라져야 한다. 과거 기준의 채용이나 조직문화를 유지해서는 함께하는 구성원들의 눈높이와 요구를 맞추어 나가기 쉽지 않을 것이다. 사실상 돈 버는 사람들은 모두가 프로 아닌가? 회사나 직장인들도 이제는 서로를 평생 책임져 주지 못하는 시대에 살고 있다는 걸 알고 있다. 이제는 직장생활의 프레임 자체가 바뀌어야 한다. 손흥민, 김민재 선수가 뛰는 영국, 독일의 프로리그처럼 서로 뜻이 맞으면 함께 가고 뜻이 맞지 않으면 과감하게 이별을 고하는 것도 앞으로는 정상인 시대가 바로 올 것이다. 직장생활을 참고 잘 견디기만 한다고 인생이 해결되는 것인가? 이제는 유연한 사고를 할 시점이다.

회사도 이제는 축구단, 야구단을 운영하는 스타일로 변화를 주어야 할 것이다. "우리가 남인가? 우리는 평생 함께 가는 식구다!"라는 구호를 이제는 그 누구도 믿지 않는다. 등산, 워크숍, 운동회를 통해서는 더 이상 직장생활에서 한마음이 되지 않는다. 서로 비전을 함께 공유하고 함께하는 기간에 최선을 다하고 그 결과 큰 성장을 하면 나가라고 해도 너무 좋아서 그 회사와 함께 할 것이고 그렇지 않다면 시기의 문제지 서로 헤어지게 되는 것이다.

구성원들도 이제는 진정한 프로가 되기 위해서 최선을 다하는 게 좋다. 평균 퇴직 나이가 계속 낮아지고 있어 어디 학교 출신, 어디 회사 출신, 성별, 나이, 국적이 앞으로는 더 이상 통하지 않고 실제 그 개인이 성과를 낸 결과만을 가지고 평가할 것이다. 나도 조직 생활을 했지만 일단 회사에 입사하면 그다음부터 사실상 프로로서 뭔가를 보여 줘야 하는데 입사와 동시에 그전에 활활 불타오르던 의지와 정신이 엷어지는 경험을 했고 주변에서 봐 왔다. 그러고는 스포츠 선수와 연예인들의 성공 사례를 보고 "역시 프로는 달라도 확실히 달라!"라는 방청객 입장으로 살아왔다. 나도 직장 생활에서 프로인데 아닌 것처럼 말이다.

직장인도 엄연한 프로다. 스포츠인, 연예인만 프로가 아니다.

5장

소소한 뒤통수 이야기들

장모님의 뜻깊고 소중한 선물

아버님, 어머니께서 오랜만에 집에 오셨다.
같이 식사를 마친 뒤, 난 설거지를 했다.
설거지하다 자꾸 찬 물이 앞치마에 스며들어서 배가 시리다고
아무 생각 없이 어머니께 툭, 이야기를 건넸다.

며칠 있다가 장모님이 선물을 가지고 집으로 오셨다.
선물 봉투를 뜯어 보니 바로 '방수 앞치마!'
앞치마를 본 순간, 돌아가신 엄마 생각이 났다.
엄마, 너무 보고 싶어요.

아들 감기 걸린다면서 사과도 데워 주시던 우리 엄마
그때는 귀찮고 짜증 났었으나 지금 생각해 보니
그때의 내가 청개구리였다.

아직도 잊지 못하고 가슴속 한편에서
이런 생각이 자주 나는 것을 보니 난 쿨해지려면 한참 멀었다.

쿨하지도 못하고 아직도 이런 생각을 하는 것을 보면
나는 몸만 큰 어린아이인 것 같다.

노룩(No look) 악수하는 사람들

경영자들이나 속칭 방귀깨나 뀐다는 모임에 나가 보면 코미디 같은 장면들이 많이 연출된다. 찰리 채플린이 했던 말로 알고 있는데 "인생은 멀리서 보면 희극이고 가까이서 보면 비극이다."는 정말 맞는 말인 듯하다. 인생이야말로 일종의 블랙코미디다. 돈이나 권력이 있는 사람이 악수는 하고 있는데 도대체 상대방에게 전혀 관심이 없다.

악수를 하는데 시선은 그 사람에게 가지 않는다. 자기보다 힘 있고 돈이 많은 다른 사람을 쳐다보면서 악수를 한다. 악수는 (영양가가 없는 사람이) 청해서 억지로 하고 있으나 마음과 발걸음은 이미 다른 사람을 향해 있다.

어느 정도 성공을 했음에도 불구하고 자기보다 부자거나 권력이 있는 사람 혹은 자기에게 이익이 되는 그 사람을 찾느라고 혈안이 되어 있다. 사람들은 부자와 권력자를 사랑한다. 그들이 무엇이라도 해 주겠지, 하는 막연한 기대가 있기 때문이다. 노룩하는 사람도 그 찬란한 사랑(?)을 받기 위해서 (이용 가치가 없는 사람을) 대놓고 무시하면서 열심히 찾는 것이다.

이름만 대면 누구나 아는 유명 그룹사의 아주 높은 분이었는데 경영자과정에 입학했다. 입학할 때부터 남달랐다. 담당 지도교수들과 우아하게 인사를 잘 나누고, 수업 시간마다 열심이었고, 항상 매너 있게 행동했다. '역시 그 자리까지 올라가는 데는 다 이유가 있구나 역시 배울 점이 있어'라고 생각했는데 수업 후 뒤풀이 모임에서 이런저런 이야기를 하다가 내가 정교수가 아니고 경영자과정을 전담하는 비전임 교수라는 사실을 알게 되었다. 오 마이 갓! 그 일이 있고부터 이분의 태도가 달라져 노룩악수 버전으로 바뀌었다. 그분은 노룩의 대가였다.

함께 식사해도 정교수들과는 눈을 마주치며 이야기하고 나에게는 말도 섞지 않고 눈길 한 번 주지를 않았다.

그렇다! 정말 그분에게 인생에서 큰 것을 배웠다. "저렇게 매 상황에 따라서 전략적(나는 얍삽하다고 해석한다)으로 행동해야만 이런 거친 세상에서 경쟁자들을 제치고 출세하는 거구나!"하는 생각에 이르니 웃픈(웃기고 슬픈) 생각이 들었다. 난 나 자신에게 창피해서 도저히 저렇게 까지는 못하겠다. 난 내 가치대로 살련다. 다들 생긴 대로 살아가는 것이다.

종교인들은 과연 스트레스가 없을까?

삶에 찌들어 사회를 떠나고 싶다는 생각을 누구든지 한 번쯤은 해 보았을 것이다. 내 주변에도 직장생활을 정말 잘하고 인정도 받던 사람이 어느 날 갑자기 직장과 삶에 회의와 염증을 느끼고 인간관계에 큰 실망을 해서 종교에 귀의하는 경우를 종종 볼 수 있었다. 지인 중에 스님이 계셨는데 직장생활 스트레스를 피해 절로 왔더니 이곳도 예외가 아니더라, 하시면서 최근에는 스트레스를 하도 많이 받아서 "짧은 머리인데도 머리가 빠지고 있다"라는 우스개 말씀을 하셨다. 그때는 함께 웃고 끝났지만, 집으로 돌아오는 길에 곰곰이 생각해 보니 그 스님께서 얼마나 힘드셨을까? 정말 마음고생이 심하셨겠구나, 하는 측은한 마음이 들었다.

절에도 설마 조직에서 적용하는 '평가' 비슷한 것이 있으려나? 하는 다소 엉뚱한 상상을 해 보았다. 과거에 종종 연락했었던 신부님께서도 인간관계, 사람과 관련한 고뇌를 말씀하셨던 게 생각난다. 종교인들도 쉽지 않다고 하니 일반인들은 너무 사람 관계로 스트레스를 받지 말지어다. 아! 정말 힘든 것이 사람과의 관계인 것 같다. 서로 생각하고 기대하는 게 크게 다르다. 어떤 형태로든 중간중간 서로 잘 알아듣고 이해하고 있는가를 확인하는 작은 소통을 하는 게 좋다. 안 그럼 나중에 뒤통수를 주고받는 사이로 갈 것이다.

쓰레기차 피하니 똥차가

얼마 전에 서울집 이사를 했다. 이런저런 사정이 있었지만, 무엇보다도 사거리에 있는 집에서 너무 잦은 자동차 경적을 들어야 해서 힘들었기 때문이다.

제일 신경 썼던 건 소음이었다. 그래서 대로변과 갈등의 주요 원인인 사거리나 삼거리에서 많이 떨어진 곳으로 이사를 했다. 갈등이나 불편함이 있으면 잘 살펴보고 단기 처방보다는 시스템적으로 해결하는 것이 당장은 힘들어도 효과가 있겠다고 이사를 했는데….

아니 웬걸! 전혀 예상치도 못했던 윗집의 의자 끄는 소리와 층간소음이 나를 이렇게 공격할 줄이야.

쓰레기차 피해서 왔더니 똥차가 왔다. 인생은 역시 계획대로 되지 않는다.

층간소음은 이제는 항의도 못 하겠다. 이야기해도 개선도 안 되고 잘못 항의했다가 괜히 큰일을 당할 것 같기 때문이다. 세상이 안전하지 못한 지는 이미 오래다. 또 마음속으로 하기 싫은 적응을 하기로 한다. 정녕 타인인 지옥인 것인가?

와세다 출신이라는 것은

지인 한 분이 일본에서 근무할 일이 있어서 일본의 와세다대학 부근에 3년 정도 체류를 했었다. 그런데 우리나라 사람들은 보통 '와세다'라는 단어를 들었을 때 '와세다 대학교'를 자동으로 생각하는 경향이 있다. 정치와 경제계 유력 인사 중에서 이름만 대면 알만한 사람들이 와세다 대학교 출신이었고 일본의 유명 소설가 무라카미 하루키가 졸업한 학교라는 와세다라는 단어에 나름 큰 이미지가 그려져 있기 때문일 것이다.

그 분은 집에 재력이 있었다. "일본에 계실 때 어디에 계셨어요?"라는 질문을 받을 때면 아주 짧고 점잖게 "'와세다'에 있었습니다."로 답한다고 한다. 그럼 그 순간부터 사람들의 대우가 달라진다고 했다. 일단 재력이 있고, 와세다라고 하는 순간 '아! 그럼 이 사람은 와세다 대학을 나왔겠구나' 지레짐작하고 알아서 분에 넘칠 정도로 잘해 준다는 것이다. 그 사람은 인정도 부정도 하지 않고 그 대우를 나름 즐겼다고 한다. 사실 신주쿠구 와세다대학 부근에서 살았던 것이 거짓은 아니었으니까…. 정말 코미디 프로그램에서나 봄 직한 일들이 세상에는 많이 일어나고 있다.

사람들은 자기가 듣고 싶은 말만 성급하게 듣고 판단하고 해석해 버린다('해석한다'가 아니라 해석해 '버린다'라고 표현하겠다). 오죽하면 '체리픽킹(Cherry Picking)'이란 말이 있을까? 대화를 할 때도 자기에게 유리하고 좋은 것만 선택해서 듣는다.

주변에 잘 살펴보면 일부 사람들이 위에서 말했던 '와세다 효과(Waseda effect' 써 놓고 보니 무슨 학술용어같이 멋있다)를 이용하면서 뒤통수를 치는 경우가 종종 있다. 이는 과거부터 그래왔고 현재도 그렇고 미래에도 그럴 것이다. 인간 사는 세상이 생각보다 견고하지 못하고 취약하다.

권위자 또는 전문가라고 할 때 신중하게 검증하지 않고 단지 보이는 표면적인 부분만 검토하고 중요한 일을 진행하는 경우가 많다. 사건이 터지거나 일을 그르쳐서 그 뒤에 꼼꼼하게 살펴보면 대부분 뒤통수로 마무리되는 경우가 많다.

설렁탕 에피소드 1

나는 설렁탕을 무척이나 좋아한다. 파를 듬뿍 넣어서 한 그릇 뜨겁게 먹으면 그 순간이 세상에서 제일 행복하다. 먹을 때도 행복하고 먹고 나서도 만족스럽다. 설렁탕 그릇의 바닥이 보일 때까지 마지막 국물을 들이마시면서 언뜻 생각이 든다. 아버지께서 내가 어릴 때 돌아가셔서 여쭈어보지는 못했지만, 우리 집은 과연 위상이 높았던 집이었을까? 양반들은 밑바닥이 보이도록 국물을 마시지는 않을 터인데.... 요즘 세상에 양반이 무슨 소용이 있을까? 그리고 다들 아는 사실이겠지만 과연 찐 양반들은 얼마나 될까?

곧 있으면 명절이다. 몇 년 전부터 '제사나 차례를 과연 내가 언제까지 모실 수 있을 것인가?'라는 고민을 계속해서 해 왔다. 얼마 전부터 제사와 차례를 대신해서 조용히 산소에 가서 인사를 드리고 오는 걸로 대신한다. 누구든지 예외 없이 부모님을 사랑할 것이다. 나 역시도 돌아가신 부모님을 너무나도 사랑하고 감사하게 여긴다. 앞으로는 내가 죽은 다음 제사를 지내 줄 사람도 없을 것이고 이런저런 고민 끝에 판단을 내렸다. 어느덧 세월이 지나 내가 의사결정의 정점에 있었다. 그래서 결정했다.

조심스럽게 개인적으로 생각하는 이야기지만 살아 있을 때 서로 간에 좋은 추억을 남기는 게 중요하지 죽은 다음에 무슨 지극정성이 필요한 것인가? 내 자식도 이렇게 제사를 지내면서 갈등과 스트레스를 경험해야 하나? 난 살아 있을 때 서로 행복하게 지내자고 선언했다. 딸에게 죽은 날은 슬픈 날이고 좋은 날도 아니니 기억하지 말고 아빠나 엄마 생일날을 기억하고 맛있는 거 사 먹으라고 이야기했다.

전에부터 들었던 생각이지만 왜 내 조상의 제사와 차례를 피 한 방울 섞이지도 않은 며느리가 이리저리 뛰어다니면서 모두를 준비하고 남자들은 적극적으로 참여하지 않고 뒷짐을 지고 있는 것일까, 하는 생각을 많이 했다. 나도 물론 그랬던 사람이었고....

매번 제사나 차례를 지낼 때마다 순서도 헷갈리고 이게 과연 맞게 하는 건가 하는 고민도 이제는 안 해도 된다. 어떤 사람은 남의 제사에 와서 예법이 맞다 틀리다 지적하면서 감 놔라, 대추 놔라 간섭한다. 알다시피 지역마다 음식 종류나 스타일이 달라서 뭐가 정답이라 할 수도 없다. 그렇게 제사에 간섭하는 사람 중에 과연 진정한 양반의 자손은 있을까? 하는 의문도 든다.
설렁탕 이야기로 시작해서 제사로 마무리가 되었다. 지극히 개인적인 생각이니 오해 없기를 바란다.

설렁탕 에피소드 2

한창 식사하고 있는데 옆에 점잖아 보이는 멋진 백발 신사 두 분이 소주 한잔하시면서 이런저런 말씀을 나누고 계셨다. 그분들에게 순간적으로 관심이 갔다. 너무 멋지게 나이가 드셨고, 하시는 말씀 하나하나가 품격있고 고급스러웠다. 이분들은 아파트 이야기, 자동차 이야기, 남의 욕도 하지 않았다. 조금 더 잘 듣기 위해서 나도 숟가락 드는 속도를 그분들이 눈치채지 못하게 조금 느리게 조정했다. 세계 경제, 국내외 사회 전반에 걸쳐서 전문적인 식견과 함께 너무 좋은 말씀을 하셔서 옆에서 귀동냥으로 듣는 것만으로도 보람 있었다.

이런저런 이야기를 나누시면서 맨 마지막에 하시는 말씀이 "그런데 너 소변은 잘 나오니? 전립선은 괜찮고?"라는 임팩트 있는 한마디의 질문과 답변으로 마무리하시고 쿨하게 그 가게를 나서셨다. 짧은 인생 뒤통수를 치고 맞고 요란법석을 떨면서 분주하게 살아가고 있지만 마무리 단계에서의 고민은 별 차이가 없는 듯하다. 생각지도 못한 곳에서 강한 인사이트를 얻었다.

작은 이익에 목숨 거는 사람들

제주에 있다가 서울에 일을 보러 올라오면 정신없이 바쁘다. 일단 비행기에서 내려 약속된 장소로 가다 보면 그때부터 사실 숨이 턱! 하고 막히는 것을 느낄 수 있다. 차를 타고 운전하면 시작된다. 주행 신호로 바뀌자마자 바로 움직이지 않고 조금이라도 머뭇거리면 빵빵대면서 죽일 듯이 경적을 울려댄다. 회전을 위해서 차선을 바꾸려고 깜박이등을 켜고 진입하는 순간 옆 차가 바로 들이받을 것처럼 양보하지 않고 옆으로 지나간다. 거의 액션영화 수준이다. 양보는 없다. 먼 나라 이야기다.

양보하면 손해 본다는 인식이 깔려 있어서 그렇다. 경쟁에 너무 찌들어서 여유가 없어진 탓일 것이다. 어찌 보면 모두 불쌍하다.

지친 모습으로 아파트 현관을 통과해서 엘리베이터를 타려고 걸어가는데 엘리베이터까지 조금 거리가 남아 있다. 먼저 타고 있던 사람이 내가 타기라도 할까 봐 모른 척하고 문을 닫아 버린다. 얼마 전에 배달 기사분이 엘리베이터 닫힘 버튼에 압정을 붙여 놓았다는 놀라운 기사를 읽은 적이 있다. 나쁜 짓을 한 것은 사실이지만 그 전에 배달 일을 하면서 엘리베이터를 타기 전에 얼마나 많은 무시와 모멸감을 느꼈으면 그랬을까? 하는 짐작을 하게 된다.

나도 얼마 전에 "엘리베이터의 닫힘과 열림 버튼을 서로 바꾸어서 설치하면 어떨까?"하고 생각했었다. 그러면 사람들이 엘리베이터를 탈 때 닫힘 버튼을 눌러서 오히려 나를 위해 문을 열고 환영해 주지 않을까? 하는 만화에서나 나오는 엉뚱한 상상을 했었다.

서울에서 일을 마치고 다시 제주로 향했다. 스타벅스가 있는 사거리 앞에서 불법유턴이 너무나도 심하다. 다른 사람보다 조금이라도 빨리 유명 브랜드를 즐기기 위해서 중앙선 침범은 안중에도 없다. 역시 브랜드 파워라는 건 참 대단하단 생각이 든다.

사람들은 생각보다 아주 작은 이익에 목숨을 건다. 지위가 높고 낮고, 많이 배우고 적게 배우고의 문제가 아니다. 그게 사람이다. 교양을 갖춘 사람을 만난다는 건 기대하기 어려운 일이다.

나는 평양냉면보다는 함흥냉면이 좋다

책을 읽은 만큼 성장한다는 말이 있다.
책을 사서 읽는다는 건 말처럼 쉽지 않다. 이상하게 책을 사려고 하면 심리적 저항이 따른다.

책 사는 돈이 음식 먹을 때와 비교해서 크게 비싸지도 않은데 사려고 하면 아깝다는 생각이 든다.

물가가 너무 많이 올라서 이제는 대략

브랜드 커피 2-3잔 마시는 대신 책을 사면 1권
평양냉면 한 그릇 먹는 대신 책을 사면 1권
멋진 오마카세 대신 책을 사면 5-10권
골프 라운딩 1회 대신 15-20권 살 수 있다.

문화체육관광부가 발표한 국민 독서실태조사에 따르면 성인의 경우 1년에 1권을 채 읽지 않는다고 하니 시원한 냉면 한 그릇 먹는 대신 모처럼 책 한 권 사서 읽는 것도 좋을 듯하다.

나는 개인적으로 평양냉면보다 함흥냉면을 좋아하는데 함흥냉면이 상대적으로 가격이 낮아서 함흥냉면파가 가격이 오를 때까지 책을 멀리할까 봐 내심 걱정이 된다.

골프 한 번 나가는 대신 15년 동안 읽을 책의 구매가 가능하다고 하니 이 얼마나 남는 장사인가? 처음이 힘들지 한두 번 사서 읽다 보면 새로운 배움도 있고 전혀 기대하지 않았던 즐거움도 종종 있다.

할리 데이비드슨은 젊을 때 타는 것이다

남성분들의 로망 중에 멋진 할리 데이비드슨 오토바이를 타고 동호회 활동을 하면서 이런저런 휴양지를 돌아다니고 싶다는 이야기를 많이 한다.

양팔을 대한독립 만세를 하듯이 멋지게 위로 뻗쳐서 할리를 멋지게 타고 해안도로를 달리는 모습은 정말이지 상상만 해도 최고의 명장면이다. 그런데 50대 전후에 오십견이라도 걸리면 할리 데이비드슨은 손잡이가 높게 달려 있어 팔을 뻗을 수도 없는 일이 생긴다(생각보다 완치하는 데 꽤 오래 걸린다).

요즘은 컴퓨터와 휴대전화를 하도 많이 사용해서 40대 초반에도 오십견에 걸려서 정형외과에 가는 사람들도 많아졌다.

도전과 성공도 젊어서 하는 것이 실패해도 다시 도전할 기회가 생기고 시행착오를 개선할 시간적인 여유가 있다. 뭐든지 때가 있다. 이때를 놓치면 평생 후회하면서 살게 될 것이다. 그런데 다행히 좋은 소식이 있다. 요즘 할리 데이비드슨 오토바이 모델이 양손을 뻗치는 것보다 일상에서 보는 오토바이 스타일로 모델이 많이 바뀌었다. 오토바이 유행 트렌드가 변경된 건지, 아니면 전 세계적으로 고령화 시대에 접어들면서 실버 세대를 배려한 건지, 그것도 아니면 가슴 아프게도 이제는 청춘들의 성공이 힘겨워진 시대 상황을 반영한 건지 속내는 알 수가 없다.

일단 절반은 '서울러'(서울에 사는 사람), 절반은 '제주러'로 살고 있으니 휴양지 라이딩 여건은 갖춰져 있고 오십견도 한 번 왔다 지나가서 팔 벌린 '만세' 자세도 가능하고 남은 것은 성공만 하면 된다. 그런데 그 성공이 쉽지 않다. 솔직히 말하면 난 오토바이에 큰 관심이 없다. 그 돈 있으면 가족과 함께 돼지고기 말고 소고기를 같이 먹을 거다. 소고깃집에만 가면 어깨가 위축되고 학창 시절에도 힘들었던 역산(逆算)을 해낸다. 요즘은 물가가 올라 돼지고깃집에서도 역산을 가끔 한다.

'한돈' 사서 집에서 구워 먹는 것이 가장 마음이 편하다.

제주도에서 아마존 하면서 산다

복잡한 서울을 뒤로하고 제주도에 내려왔을 때 적지 않은 기대감이 있었다. 쪽빛 하늘과 바다 그리고 여유로운 아침, 해안가 멋진 카페에서 커피 한잔 등 휴가 때 느꼈던 제주도는 항상 여유 있고 또 방문하고 싶은 천국과 같은 곳이었다.

한창 사람에 대해서 염증을 느끼고 질려 있을 때 우연한 계기로 내려온지라 이곳 제주도에서는 다르겠지, 하는 다소 순진한 생각을 하고 있었다. 제주 이곳은 다를 줄 알았는데....

결론적으로 사람 사는 곳은 크게 다르지 않았다. 휴가 때 잠시 들렀던 제주와 생활인의 삶으로 살아가는 제주는 같은 제주인데 버전이 달랐다. 제주에 와서도 살아가기 위해서 일을 열심히 하고 있다. 오히려 출퇴근 시간이 없으니 일하는 시간의 절대량은 더 늘어났다. 디지털 기술의 발전으로 마음만 먹으면 장소에 얽매이지 않고 많은 양의 일을 해낼 수 있다. 나 역시 제주에서 워케이션으로 아마존과 글로벌 비즈니스 컨설팅을 하면서 잘 지내고 있다. 어떤 날은 너무 바빠서 화장실을 편히 가지 못할 정도로 일할 때도 있다.

정말 역설적이지만 제주에 와서 바다를 본 지 오래되었다. 제주 흑돼지, 은갈치, 고등어회를 먹은 기억도 오래다. 처음에는 신기해서 몇 번 먹었지만 이제는 그 모든 건 오롯이 관광객들의 몫이다. 생활인으로서의 제주는 도시와 크게 다르지 않다. 다만 위안이 되는 건 문밖을 나서면 바로 맑은 공기, 푸른 하늘이 있다는 것이다.

도시에 있든지 제주에 있든지 사람 사는 곳은 갈등이 있기 마련이고 모든 게 만족스럽지 않은 듯하다. 많은 사람이 제주 한달살이, 워케이션을 꿈꾼다. 좋은 현상이고 나도 적극 추천한다. 하지만 제주에 와서도 경제적 안정이 뒷받침되지 않는다면 마음 편하게 있을 수 없다. 제주에 와서 맘 편히 지낼 수 있는 사람들은 열심히 고생해서 일찍 부를 이룬 사람이거나 기존에 재력이 있는 사람들일 것이다. 모든 건 양면성이 함께 존재한다. 제주라는 환상을 갖고 준비 없이 제주 라이프를 즐긴다는 게 생각보다 쉽지 않다.

사람 사는 곳은 항상 이익이 앞선다. 제주에서 운전하다 보면 흔히 보는 사거리를 넘어서 오거리, 육거리 길이 많다. 이런 길에 들어서면 양보를 바라면 안 된다. 이들은 과연 관광객들일까 현지인일까? 오거리, 육거리 길에 들어서면 불안과 함께 가슴이 조마조마하다. 아무튼 평상시에는 점잖게 행동하다가 작은 이익이라도 걸려 있거나 결정적인 순간에는 사람들의 본색이 나오고 돌변한다. 뭐, 괌이나 하와이 사람들도 매한가지일 것이다. 정도의 차가 조금 있을 뿐이지 사람 사는 곳에 특별한 것이 있을까? 이익 앞에서 양보를 바란다는 것은 정말 어리석은 일이다.

부부싸움과 전사의 눈빛

살아가면서 가족 간에 다툼이 없을 수는 없을 것이다. TV에서 어떤 부부는 평생 싸우지 않고 평화롭게 산다고 하는데 나는 솔직히 믿지 않는다. 나도 종종 부부싸움을 하는 편이다. 사실상 살아가는 것이 그렇게 평화롭지 않다.

옛날에는 서로 마주 보고 다정한 눈빛으로 많은 이야기를 했었는데 곰곰이 생각해 보니 대부분 싸움의 원인은 바로...

"돈!"

말고도 여러 가지 이유가 있겠지만 그렇다고 부인하기도 솔직히 어렵다.

돈이 여유롭게 있었으면 싸움이 줄어들까, 곰곰이 생각해 보니 또 그렇지는 않을 것 같다. 그동안의 경험상 돈이 일정 수준 이상 있어도 그 돈을 관리하고 투자하면서 발생하는 이익과 손실의 원인 등을 이야기하면서 또 다툴 것이다. 그놈의 돈이 사람을 이상하고 묘하게 만든다.

하지만 기본적으로 돈이 부족하면 싸움의 질과 격이 떨어지는 다툼이 일어나기 쉽다. 돈이라는 게 마음대로 벌어지는 것이 아니고, 또 돈을 벌려면 꾸준히 공부하며 실천해야 하고, 운도 따라야 하고, 갖은 갑질과 모욕을 견뎌야 하는 과정이 생략되지 않기 때문이다. 참 어렵다. 나 역시도 돈이 잘 벌리는 사업을 하는 것도 아니고 돈을 버는 특별한 재주도 없어서 항상 식구들에게 눈치가 보인다.

항상 고생하는 아내에게 마음이라도 풀어 주려고 이런저런 눈치를 살펴 가면서 열심히 하지 않았던 집안일을 도와주다 보면 늘 하던 일이 아니어서 박자가 맞지 않고 터무니없는 실수를 해서 오히려 일을 두 번 하게 만드는 경우가 발생한다. 그러면 관계가 싸해지고 더욱 복잡 미묘해진다.

직장 생활했던 과거에 잘 맞지 않아 불편했던 상사에게 비위를 맞추느라고 뭐라도 잘해 보려다가 실수해서 오히려 일이 더 악화되서 크게 후회했던 일과 느낌이 조금은 비슷하다.
요즘 아내의 눈을 쳐다보기가 전보다 많이 힘들다. 과거의 사랑스러운 눈망울이 아니다. '전사의 눈빛'으로 변했다. 내가 미안한 감정이 앞서서 그렇게 느끼는지도 모르겠다.

잘 다니던 안정적인 회사를 때려치우고 가슴 뛰는 사업을 하겠다는 나를 믿고 함께 세월의 풍파를 맞아서 그렇다. 정말 많이 미안하다. 아내의 눈망울이 세상의 모든 불안에서 해방되어 따뜻하고 안정될 수 있도록 해야겠다. 이럴 때는 나의 미래가 너무 궁금해서 견딜 수가 없다.

거침없이 회전초밥

과연 어느 정도 돈을 벌어야 마음 편히 잘 산다고 말할 수 있을까? 철학자 플라톤이 말한 행복의 첫 번째 조건은 먹고 살기에 다소 부족한 듯한 재산이라고 어느 책에서 읽었는데, 도대체 어느 정도 부를 이뤄야지 편안하고 안정감 있게 살 수 있을 것인가, 하고 자주 생각한다. 사람마다 기준이 제각각 다르니 사실 정답은 없다. 오늘은 모처럼 각자 바쁜 가족들이 한자리에 모였다. 종종 가는 백화점 지하의 회전초밥 집에 들러서 점심을 먹었다.

회전초밥 집에 갈 때마다 마음 편하게 식사를 한 기억이 드물다. 접시의 색깔에 따라 가격을 차별화한 것이 나에게는 상당한 압박으로 다가온다. 오늘 문득 접시 색깔을 자세히 살펴보지 않고 포만감을 느낄 정도로 배부르게 먹을 수 있는 재력이 있으면 좋겠다는 우스운 생각을 했다.

오늘도 역시 눈치 게임이 시작되었다. 나의 접시 색깔은 물론이고 우리 가족이 먹는 접시 색깔을 눈치 못 채게 살폈다. 흡사 과거 포커 게임 중에 상대방의 패를 들키지 않게 민첩성을 발휘해 살피듯이, 먹고 싶은 초밥에 손이 가다가도 나중에 큰 금액을 계산하게 될까 봐 겁이 나서 나도 모르게 접시를 다시 제자리에 가져다 놓고 내키지 않지만 금액이 저렴한 초밥을 먹었다. 먹고 싶은 초밥은 따로 있는데.... 그러고는 우동을 먹고 싶다는 말도 안 되는 거짓말을 하고 우동을 시켜 먹었다.

우동을 초반에 시킨 이유는 우동 면발이 붇게 되면 배가 부를 것이란 고도의 전략을 시도한 것이다. 다행인 것은 아내가 초밥을 그리 즐기는 편이 아니고, 초밥 세계에 입문한 지 그리 오래되지 않은 딸은 아직 고가의 초밥에는 눈을 뜨지 못한 듯하다.

우리 가족이 초밥에 대한 지식이 더 많아지기 전에 더 열심히 살아야겠다고 다짐했다. 접시 색깔을 신경 쓰고 계산을 해 가며 먹었더니 속이 좀 더부룩하다. 조금만 더 노력해서 계산과정을 생략하고 거침없이 하이킥이 아니라 '거침없이 회전초밥'을 먹을 수 있는 부를 쌓아야겠다.

'가족경영'을 절대 무시하지 말라

무언가 도전적이고 새로운 일을 시작하려면 가족관계를 잘 다져 놓기를 바란다. 가족을 제외하고는 진정한 지원군은 이 세상에 사실상 찾아보기 힘들다. 앞으로 경기가 지금보다 나아지리란 보장도 없다. 그럴수록 가족 간에 똘똘 뭉쳐야 한다. 아무도 미래를 담보하지 못한다. 미래를 담보한다고 이야기하는 사람은 뒤통수를 칠 계획이 있는 사기꾼일 확률이 매우 높다.

'가족경영'을 하라고 해서 여러분들은 매우 놀랐을 것이다. 가족경영을 하라는 말에 대해서 많이들 거부감을 느낀다. 생각만 해도 피곤하기 때문이다. 하지만 남들에게 어렵게 번 돈을 다 줘 가면서 (나름 우아하게) 사업을 한다면 사업을 시작하는 시점에는 우렁찬 박수를 받으면서 멋지게 시작할 수 있겠지만 얼마 지나지 않아 마이너스 통장의 깊은 계곡을 체험하게 될 것이다.

스타트업 기업만 죽음의 계곡인 '데스밸리(Valley of Death)'가 오지 않는다. 자영업자는 대부분 소액의 자기자본과 금융기관의 채무로 시작하기 때문에 치명적인 '죽음의 계곡'을 체험하게 된다. 빠져나가는 돈의 속도를 도저히 제어하고 이겨 낼 수가 없다. 처음부터 가족경영으로 시작하지 않으면 잠까지 반납하면서 열심히 매출과 수익을 올려도 남들이 다 가져가고 만다. 남 좋은 일만 하게 되는 것이다. 대한민국은 이미 고비용 국가가 된 지 오래다. '인! 건! 비!'와 '임! 대! 료!' 감당하다 한 방에 골로 가 버린다.

가족경영은 정말 힘들고 어렵다. 특히 부부간에 같은 일을 하는 순간 생각지도 못한 갈등 상황이 많이 연출된다. 그래도 감내해야 한다. 정말 진심으로 한 말씀 드리고 싶다. 그래도 남한테 뒤통수 맞는 것보다는 힘들더라도 부부간에 똘똘 뭉쳐서 회사의 생존율을 높여 나가야 한다. 슬픈 일이지만 부부간에도 사업하면서 뒤통수를 치는 일이 종종 발생하기도 한다.

부부간에 하는 공동사업 정말 말리고 싶다. 남편, 아내 양쪽 다 매우 위험하다. 하지만 돈이 없어서 굶어 죽는 것보다는 나으니 하라는 것이다. 너무 현실적으로 이야기해서 죄송하다.

답답해서 사주팔자를 보러 갔는데

벌써 오래전 일이다. 연말이나 연초만 되면 미래에 대한 불안감과 그동안의 답답한 마음을 풀고자 물 빠진 사람이 지푸라기라도 잡는 심정으로 아내를 따라서 용하다는 곳으로 사주팔자를 보러 갔었다. (물론 지금은 가지 않는다)
전에 유명한 점집에서 아기 동자(童子)가 보인다고 하면서 아기 옷을 살 것을 추천했는데 기간이 지나서 다시 가도 동자가 보인다고 하는 것이다. 참 이상하다, 생각했는데 옆에 방문이 열려 있어서 본의 아니게 안을 살짝 들여다보게 되었는데 아기 옷이 수북이 쌓여 있는 것이 보였다.

그 순간 "아! 이분도 진정한 경제인이고 생활인이구나." 세계 경제가 위축되고 국내 경기도 계속 좋지 않아서 아기 옷 재고가 부담되었나 보구나, 하는 웃픈 생각을 했다.

역시 사람은 업종을 불문하고 먹고사는 문제, 경제라는 굴레를 벗어나기가 참 힘들구나, 하는 생각을 했다.

읽씹(읽고 씹히다)을 경험했다면?

얼마 전에 나를 따르고 좋아했던 사람에게 메시지를 보냈는데 답변이 오지 않아서 왜 그럴까, 생각해 보면서 속마음을 전해 본다.

누군가에게 메시지를 보냈는데 1이란 숫자가 그대로 남아 있다면 그 사람에게 나는 더 이상 중요하지 않은 존재, 도움이 되지 않는 사람이 되었구나, 라고 해석하면 된다. 서로 간에 도움이 되거나 지금 당장은 도움이 되지 않지만, 미래 시점에 도움이 될 것이라고 기대가 되거나 투자가치가 있는 사람이라면 즉시 연락을 한다. 그것도 스마일 모양을 한 이모티콘과 함께, 정말 바빠서 답을 하지 못할 때면 오히려 나중에 미안하다고 정중하게 예의를 갖추어서 연락한다.

상대방에게 보낸 메시지나 메일의 읽씹(메시지를 보냈는데 읽고 씹히다의 준말)을 경험하는 것은 상대방이 갑의 위치에 있거나 아주 잘 나간다는 이야기다. 보통 갑들은 을이 보낸 메일이나 문자에 답을 하지 않는다. 만약 답을 하는 사람이 있다면 그 사람은 매우 훌륭한 인성을 가진 사람일 것이다.

사람들은 보통 크게 성공하거나 부를 이루게 되면 주변을 다시 돌아보는 시간을 갖는다. 얼마 전까지 많이 유행했었던 '정리'라는 것을 하는 것이다. 주! 변! 정! 리! 집과 사무실 등 물리적 정리뿐만 아니라 유효기간이 다 된 인간관계도 정리를 하기 시작한다. 냉정하지만 어떤 면에서는 맞는 말이다.

요즘 들어 나의 메시지와 메일을 '읽씹'하는 사람들이 조금씩 늘어나고 있다. 늘어가는 속도도 빠르다. 다들 잘 나가고 있는 것 같다. 어떤 마음인지 이해는 되지만 깊은 속마음에서는 "이 싸가지 없는 것들아! 인생은 그렇게 계산기 두들기면서 살아가는 게 아니야!" 위풍당당하게 샤우팅을 하면서 그들 앞에서 멋지게 성공하고 싶다.

돈과 명예가 좋은 것은 알겠지만 AI도 아니고 그 사람의 이용 가치만을 기준으로 응대하는 것은 너무 슬프다. 그들에게 거짓(?) 사랑을 받고 싶지만, 곰곰이 주제 파악을 해 보니 큰 부자가 되거나 명예를 얻기는 어려울 것 같아 마지막 히든카드라 할 수 있는 건강을 잘 챙겨서 아프지 않고 가늘고 길게 살아야겠다.

뻥 과자와 우주 시대의 개막

오래간만에 가족들과 함께 마트로 가서 장을 보았다.
청량음료가 제조공정이 잘못돼서 나온 줄 알았다. 왜 이렇게 키가 줄었는지 나만 느끼는 것인가? (아니다 전에 비해서 확실히 키가 줄었다) 확인하기 위해 뚜껑을 돌리니 탄산가스 새는 소리가 나서 그제야 안심했다. 남이 먹다가 뚜껑을 잠시 달아 놓은 줄 알았다. 개그맨 이수근 님이 노래했던 '키 컸으면! 키 컸으면!'을 속으로 외치게 된다.

어렸을 때부터 좋아했고 정신없이 일하느라 식사 때를 놓치면 항상 나를 위로해 주던 초코빵들도 실망이다. 허겁지겁 봉지째 먹지 않으려고 하얀 접시에 꺼내 놓으니 실체가 드러났다. 많이 왜소해졌다. 접시 크기가 그리 크지도 않았는데.

맥주 마실 때 항상 즐기던 과자들도 과식으로 소화불량에 걸렸는지 지나칠 정도로 **빵빵**하게 배가 불러 있다. 이러다 가스 찬 과자가 풍선이 돼서 하늘로 날아올라 우주까지 가겠다. 그래서들 사람들이 소위 '뻥 과자'라고 하는구나.... 과자가 부스러져 모양이 좀 상해도 좋으니 과자 보호를 위한 충전제 좀 적게 넣으면 참 좋겠다. 과잉보호다.

테슬라, 아마존 등 유명 기업이 차세대 먹거리라고 다들 우주 산업에 뛰어드니 혹시 과자 회사도 우주 산업을 꿈꾸는 것인지도 모르겠다.

다들 먹고 살기 위해서 그러는 것이라 한편으로 이해는 하겠지만 사실 서로 민망하다. 모르고 살아가는 게 나은데 눈에 보이니 속만 상한다.

얼마 전에 친구를 만나 'ㅇㅇㅇ골뱅이'로 가서 맥주 한잔을 하는데 아무리 찾아도 골뱅이는 보이지 않고 파무침만 무성하다. 생맥주에 파무침만 먹다 보니 속이 아려 왔다. 아린 속을 달래기 위해서 계란말이를 추가로 주문했다. 분명 골뱅이 집으로 들어왔는데 이럴 거면 'ㅇㅇㅇ파무침'이라고 정확하게 상호를 표시하면 좋았을 텐데…. 골뱅이는 계란말이를 팔기 위한 미끼상품이었나? 세계 경제와 대한민국 경제가 모두 좋아지길 진심으로 바란다.

6장

그렇다고 뒤통수만 맞을 순 없잖아!

가난하고 궁지에 몰려 있다면 승부수를 던져라

가난한 것은 몹시 슬프고 더 나아가 공포스러운 일이다. 특히 '궁하다'는 표현은 가난하고 결핍하다는 것의 다른 표현이다.

'궁즉통(窮則通)' 궁하면 통한다는 말도 있지 않은가. 궁하다면 지금과는 전혀 다른 마음가짐과 태도를 가져 압도적인 변화와 혁신을 시도해서 결국은 통하도록 해야만 한다. 그 처절한 중간 과정은 절대 생략되지 않는다.

요즘은 과거에 비해서 디지털 기술이 엄청나게 발달한 시대다. 블로그, 인스타그램, 유튜브 등 세상을 다 겨눌 수 있는 SNS라는 '활'과 도전, 용기, 실행이라는 '화살'을 준비하고 최선을 다해 세상을 향해서 활시위를 당긴다면 반드시 가난하고 궁함을 탈출할 수 있다. 꼭 디지털이 아니더라도 간절함과 절박함을 기반으로 초집중하는 관찰과 고객의 니즈를 집요하고 골똘히 연구해 악착같은 실행을 한다면 못 해낼 것이 없을 것이다.

경쟁이 심한 레드오션이라고 지레 겁먹고 포기해서는 안 된다. 치킨과 떡볶이 시장은 예전부터 경쟁이 심한 레드오션의 대표적인 시장이지만 끊임없이 새로운 비즈니스 모델이 만들어지고 성공 사례가 나오고 있다.

'궁지에 빠지면 공포스러운 궁(窮)한 상태를 빠져나오기 위해서 궁리하게 되어 있다.' 온 힘을 다해서 안간힘을 써야만 한다. 그렇게 하다 보면 나만의 비즈니스 모델이 조금씩 보이기 시작한다. 없으면 만들어서라도 결국 해내야 한다.

혹시 지금 벼랑 끝에 서 있는가? 궁지에 몰려서 나와 가족의 행복이 위협받고 있는가?

그럼, UFC 경기의 마지막 라운드에 온몸과 마음을 다해서 승부수를 던지는 타격가처럼 로마 시대 원형경기장의 검투사처럼 목숨을 걸고 승부수를 던지자.

영화 '글레디에이터' 주인공 '막시무스' 장군의 처절함과 용맹함이 생각나는 저녁이다.

너무 조바심을 내다가 진짜 죽는다

항상 사는게 불안하고 미래가 걱정되서 조바심이 난다. 언제 이 조바심과 안달복달하는 마음은 나에게서 사라질 것인가? 사라질 날이 과연 오기는 할까?

다들 경험이 있을 것이다. 나를 불안하고 초조하게 만들었던 일들이 나중에 시간이 좀 지나서 뒤돌아보면 그 당시에 그렇게까지 밤잠을 이루지 못하면서 걱정을 하지 않아도 되는 일들이었다는 것을...

아이를 키울 때도 그랬다. 걸음마 시기가 늦어서 걱정이 되고, 말을 더디게 배우면 그게 또 걱정이 되고, 숫자놀이를 할 때도 계산을 잘 못하는 것을 보고 많은 고민을 했다. 생각해 보니 애가 어떻게 더하기, 빼기를 하겠는가? 나야 그 과정을 아주 먼 과거에 거쳤으니 기억에 없어서 별거 아닌 것 같겠지만 어린 아이의 눈높이에서는 난생 처음 보는 아주 큰 산을 넘는 도전이었을 것이다.

영어를 처음 배우는 아이를 보면서 왜? 우리 아이는 주어가 3인칭 단수인데 's'를 붙이지 않고 동사 원형을 쓰는가? 하는 말도 안 되는 걱정을 했다. 지금은 해외 여행을 가면 아이 등 뒤만 유치원생처럼 졸졸 따라 다니면서 현지인과의 직접 소통을 가능한 한 피한다.

지나고 보면 별 것이 아닌 것이 대부분이다. 삶에 어느 정도 건강한 긴장감을 갖는 것은 좋겠지만 너무 과한 초조함과 불안감을 느끼면서 살지 않아도 된다. 최선을 다해서 노력했으면 어느 정도는 기다리는 지혜가 필요하다. 그렇지 않으면 평생을 안달복달 하면서 생을 마감할 것이다. 혹시 죽는 시점에도 습관적으로 "왜 이렇게 질질 끌면서 생이 마감되지 않는 거지? 답답해서 이러다 죽겠네!"하고 조바심을 낸다면 이번에는 진짜로 죽을 것이다.

독 같은 인간을 반드시 멀리하라

혼자서는 업적을 이루거나 성공하기가 정말 어렵다. 누군가의 도움을 받아야 하고 누군가에게는 도움을 주어야 함께 목표를 이루어 나가고 힘든 상황을 헤쳐 나갈 수 있다. 사람은 혼자서는 살아갈 수 없는 존재이기 때문이다.

인성이 나쁜 사람이나 악한 인연을 만나게 되면 다소 성공을 목표하는 시점이 계획보다 멀어진다고 하더라도 바로 손절하기를 바란다.

얼마 전 뉴스에서 스페인에 사는 115세의 최고령 할머니가 한 말이 가슴에 새겨진다. 장수비결을 물으니 "독(Poison) 같은 사람을 멀리하라."라고 하셨다. 정말 이 말씀에 크게 공감했다. 스트레스나 압박을 주는 '독'에서 멀어지란 이야기다.

직장생활을 하거나 사업을 하는 모든 사람이 절대적으로 공감하는 말일 것이다. 공교롭게도 발음이 정말 찰지다. '독 같은 사람'… 독 같은 者(놈 자), 정말 공교롭게도 발음이 임팩트가 있다.

좋지 않은 인연이 있다. 그것이 단절되지 않고 이어지게 되면 결국은 치명적인 독으로 다가온다. 나도 물론 경험했었다. 주변에도 독 같은 者(놈 자)로 인해서 건강과 재산은 물론 심하면 소중한 생명까지 잃는 경우를 많이 봤다. 좋은 인연을 찾거나 만나는 일은 너무나도 어렵다.

그동안의 경험상 인성이 안 좋은 독 같은 사람은 물론 독처럼 될 조짐을 보이는 사람과는 함께하지 않는 것이 나의 철칙이다. 소중한 나의 건강을 잃어가면서 성공하고 싶지는 않기 때문이다.

힘들지만 최선을 다해서 결이 맞는 사람을 찾는 노력을 끊임없이 하고 있다. 좋은 사람들과 함께하라. 독을 품은 사람과는 즉시 이별을 고하라. 그들은 절대 착해지지 않는다. 잠시 착한 척은 할 수 있다. 사람은 결코 안 변한다.

삶은 계란 = Should have + pp

예전에 우스갯소리로 "삶은 무엇인가?"란 질문을 하면 "삶은 계란"이라고 하던 아재 농담이 있었다.

제주도에서 혼자 있을 때가 많다. 식사를 챙겨 먹기도 귀찮고 영양은 챙겨야 할 것 같아서 삶은 계란을 채소와 함께 먹는 경우가 많다. 계란을 삶을 때 껍데기가 계란 흰자부위와 붙어서 껍데기를 벗겨낼 때 껍데기와 같이 벗겨지는 경우가 있다. 이제는 제법 노하우가 생겨서 상처 없이 성공적으로 벗겨 낸다.
전에 제사나 차례를 지낼 때마다 삶은 계란을 담당하던 나의 계란 껍데기 벗기기 성공률은 매우 낮았다. 이렇게 상처 없이 완벽하게 삶은 계란껍데기를 벗기고 나니 다시 제사나 차례를 지내야 하나? 하는 엉뚱한 생각이 들었다. 왜 그때는 계란을 잘 까지 못했던 것일까?

삶은 항상 과거에 대한 후회와 미련을 남기나 보다. 전에 말했듯이 인생은 진정 가정법 과거완료인 'Should have + pp'인 것인가? 항상 지나고 나면 그때 왜 잘하지 못했는가 하는 후회가 남는다. 뭐든지 그때 잘했으면 참 좋았을 텐데 시간이 지나고 나서야 잘한다.

언제나 기회는 나의 곁에 있었다. 그것을 인식하지 못했거나, 혹은 기회인지 알면서도 모른 척 외면했거나, 용기 내서 행동하지 못했기에 항상 후회한다. 지금도 기회는 나의 곁에 있다. 지금이 지나면 또 후회할지 모른다. 용기를 내서 그 기회를 찾고 젖 먹던 힘을 다해서 반드시 잡아야만 한다.

자기 자신을 해고하라! "Fire Yourself!"

평생직장도 사라지고 회사나 조직이 더 이상 나를 지켜 주지 않는다. 외부 충격으로 인한 불안뿐만 아니라 요즘같이 공포와 위협의 먹구름이 머리 위를 떠다니는 듯한 상황에서는 자기 자신이 강하고 현명해져야 한다. 실제는 아니더라도 자기 자신을 선제적으로 해고(Fire Yourself!)할 수 있는 전략적이고 계획된 용기를 가져야 하겠다.

성공한 사람들은 현재 상황이 큰 문제가 없어도 항상 자기 자신을 제삼자적 시점에서 객관화시키고 만약 '내가 상황에 적응하지 못해서 갑자기 해고당한다면?' 혹은 '내 회사와 구성원들이 별안간 공중분해가 될 위기에 처했다면?'이라는 시나리오를 생각하고 사전에 시뮬레이션하는 게 습관이 되어 있다. 즉, 언제 올지 모르는 위험에 대한 대비를 상시적으로 하고 있다.

여기서 핵심은 자기가 해 왔던 일과 삶으로부터 자신 자신을 객관화해야 한다는 것이다. 계속 강조하지만, 제삼자적 시각을 통해서 자기 자신과 회사를 평가하고 상상하는 것이다. 그래야만 '확증편향'이란 자기중심적 왜곡(myside bias)에서 벗어날 수 있다. 진짜 자기 자신을 해고하라는 게 아니다. 정신적으로 해고하고 새로운 도전과 변화를 위해 다시 고용하는 일련의 계획되고 자발적인 연습을 통해 거듭나자는 이야기다.

TV 개그 프로그램보다 명성을 떨치고 있는 유튜버인 흔한 남매, 피식대학의 주인공들은 사실 개그 프로그램이 사라져 버린 바람에 '궁여지책'으로 시작했던 유튜브가 대중들의 호응을 얻으면서 성공을 이루어 냈다. 그들에게 정말 큰 박수를 보내고 싶다. 만약 그때 개그 프로그램이 폐지되지 않고 계속 이어졌으면 오늘의 '흔한 남매'와 '피식대학'은 과연 존재했을까?
피식대학의 피식쇼는 얼마 전에 백상예술대상에서 수상까지 했다. 대단한 일이다. 벼랑 끝 전술이 통한 것일까? 그렇다. 통한 것이다.

'위기의 순작용', '위기가 준 선물'이라고 해야 할까? 모든 게 마음먹기 나름이다. 위기가 다가올수록 위축되지 말고 패러다임을 전환해 위기를 기회로 삼아 적극적으로 돌파하는 게 중요하다. 많은 기회는 위기와 불안한 상황에서 만들어진다.

힘들더라도 자기 자신을 스스로 해고한다는 역발상과 주도적인 마음가짐을 가져야 한다. 그렇지 않으면 남에게 변화나 혁신을 강요당한다. 혹은 더 심한 일도 당할 수 있다. 그건 정말이지 가슴 아프고 슬픈 일이다.

성공을 위한 필수 자양분

나쁜 상황과 나쁜 사람들을 경험하지 않고 성공하는 게 가장 좋겠지만 그 과정이 결코 생략되지 않는다.

(헛된) 희망, 열정, 망상과 착각, 후회, 깨달음

위기, 패배, 절망과 좌절, 갑질, 을질, 모함

시기, 질투, 거짓, 뒤통수와 배신, 더 나아가 사기

벼랑 끝, 배수의 진, 몰입, 집중, 염원, 간절함, 헌신, 돌파

비교는 지옥으로 가는 길이다

살아가면서 적지 않게 경험했을 것이다. 비교하거나 당하는 순간 마음속은 서서히 지옥이 된다. 바로 지옥이 되지는 않는다. 비교하면 부러움과 질투 그리고 나는 왜 저 사람처럼 하지 못했을까? 하는 자책으로 시작해서 결국에는 지옥으로 서서히 가기 때문이다.

남에 대해서도 함부로 평가하거나 비교하는 것은 참으로 나쁜 일이다. 남에게 정말 못 할 짓을 하는 것이다. 비교당한 사람으로서는 비교한 여러분을 속으로 좋아할 일이 절대 없다. 비교당한 사람이 만약 조직의 구성원이라면 언젠가 헤어질 날을 손꼽아 기다릴 것이며, 친구나 가족이라면 비교당한 사람 자신이 독립성을 확보하는 순간 서서히 마음속에서 정리를 할 것이다.

비교하는 사람들은 제대로 된 정보를 가지고 비교하지 않고 그냥 자기 마음에 들지 않으면 일단 거의 거짓말 수준으로 비교해서 상대방을 흔들어 놓는다. 마음이 곱지 않아 상대가 약해지는 모습을 보고 싶기 때문이다.

비교하지 않아야 한다. 물론 비교를 당해서도 안 된다.

그래야 마음이 흔들리지 않고 자기의 갈 길을 묵묵히 걸어갈 수 있다. 그리고 주변에 비교해서 말하는 사람이 있다면 어떤 일이 있어도 갈라서거나 서서히 멀리해야 한다. 비교하는 것이 습관이 되어 있는 사람들이 의외로 많다. 그 사람이 좋아질 거라는 믿음과 바람을 즉시 버려라. 혹시 변했다고 착각할 수 있다. 소중한 당신을 잃을까 봐 잠시 나쁜 습관을 감추고 있는 것뿐이다. 계속 이야기를 하지만 절대로 사람은 변하지 않는다.

타인의 시선과 기준으로 자기 자신을 평가해서 나의 마음 상태가 지옥으로 가는 일도 없어야 하겠지만 나도 함부로 남의 인생에 관여해서 잘 살아가고 있는 사람들을 지옥에 빠지게 하는 일도 없어야 할 것이다. 오죽하면 유명 철학자 사르트르가 '타인은 지옥이다'라는 이야기를 했을까!

엄친아(딸), 친구의 부자 남편(아내), 지금은 성공한 별 볼 일 없었던 친구, 동료 등 남이 가진 것이 부러워서 가랑이 찢어지는 '황새 찬양(?)' 이야기를 하면 할수록 좋았던 관계는 서서히 찢어지고 회복되지 않는다는 것을 모르는 것인가!

힘들수록 서로 보듬어 주고 자존심을 지켜 줘야 한다. 사는 건 매우 어려운 일이다.

필살기가 없으면 바로 망(亡)한다

새로운 일을 꿈꾸었을 때 가장 중요한 것은 무엇일까? 가슴 뛰는 일을 발견하고 변화를 시도할 때 가장 중요한 것은 무엇일까? 적성, 의지, 자본력, 동료, 고객 많은 것을 다 신경 써야 하겠지만 가장 중요한 것은 '이 일을 내가 처음부터 끝까지 내 손으로 잘 해낼 수 있느냐?' 최악의 경우 남의 손이나 남의 도움을 받지 않고 그 가슴 뛰는 일을 본인 스스로 독립적으로 해낼 수 있어야 한다는 것이다. 즉, 자신만의 필살기가 반드시 있어야 한다.

새로운 일이 성공하지 못하는 이유는 남에게 핵심 분야를 의존하기 때문이다. 요식업이면 주방을 장악해야하고, 플랫폼 비즈니스면 마케팅을 목숨 걸고 장악해야 한다. 본인이 요리, 마케팅 즉, 핵심이 되도록 죽어라 공부하고 전문가가 되어야 한다. 자기가 핵심 내용을 꿰뚫고 프로세스를 알고 있으면 뒤통수를 맞거나 사기를 당할 염려가 없다. 시도 때도 없이 사람들이 이직을 하는 환경에서 시스템적으로 경영한다는 것은 일정 규모 이상이 되었을 때만 가능하기 때문이다. 내 주변에 매장을 멋지게 인테리어하고 카운터만 우아하게 장악(?)하다가 1~2년 안에 인건비, 임대료 등 고정비 부담을 견디지 못하고 폐업한 사람이 너무 많다. 외부 전문가와의 협업도 핵심과 맥락을 알아야 생산성 높은 협업이 가능하다. 자칫 잘못하다가 땅을 치고 크게 후회한다.

다시 한번 강조한다. 무엇인가를 새로 시작할 때는 (투자, 창업, 부업, 동업 등) 돈을 빌려주는 채권자나 투자자로서, 즉 제삼자적 관점에서 분석하고 판단한 뒤 시작해야 한다. 그렇지 않으면 대부분 망한다.

장기나 바둑도 자기가 할 때보다도 옆에서 훈수를 둘 때 정확하게 보인다. 스포츠 경기도 감독이나 코치가 큰 역할이 없는 것 같지만 전체적인 경기의 흐름을 판단하고 선수들을 하나하나 살펴 가면서 조언하기 때문에 승리하는 것이다.

'자신만의 필살기를 반드시 갖추어라!' 없으면 미친 듯이 경험하고 시행착오를 거쳐서 반드시 갖추어야 한다. 필살기가 없으면 타인에게 이용만 당하고 바로 망(亡)한다.

고난의 시대, 외부 협업과 레버리지하라

경제 상황이 좋지 않다. 고물가, 고금리, 고임금, 고임대료 등 모든 단어에 높을 고(高)가 계속 붙어 나온다. 이렇게 계속되는 '고(高)의 압박'으로 삶이 매일 같이 고난(苦難)의 연속이다. 이제는 직접적인 원인이 되는 높을 고(高)를 써서 '고난(高難)'으로 한자가 바뀌어도 되겠다.

비용 절감 차원에서 때로는 외부 전문가그룹이나 프리랜서들을 '아웃소싱' 하는 것도 좋다. 국내에도 이미 크몽, 숨고 등 재능거래 플랫폼이 잘되어 있어서 매우 유용하다.

전업으로 활동하는 사람들도 있지만 직장생활을 하면서 N잡러로 활동하는 분들도 많다. 가격도 매우 실용적이다. 하지만 이곳에도 '뒤통수'라는 지뢰가 함께한다. 좋은 외부 전문가와 인연이 돼서 협업해 나간다면 비용 절감은 물론 성과에도 큰 도움이 되겠지만 성실하지 못하고 땜질식으로 하는 분들도 소수지만 종종 있다. 나도 일부 회사업무와 계약서 검토 등 법률과 특허에 대한 자문 등 핵심적인 부분까지도 외부 전문가와 함께 협업하고 있다. 글로벌 비즈니스를 하는 때도 마찬가지다. 아마존, 구글, 페이스북 등 해외 현지 국가에 마케팅하는 컨설팅을 할 경우에도 피버(Fiverr), 그루(Guru) 등 해외 재능거래나 프리랜서 플랫폼을 종종 활용한다. 가성비와 흔히들 말하는 가심비 모두 좋다. 하지만 사람 사는 곳은 예외가 없다. 해외에도 물론 '뒤통수'가 존재했다. 여러 번 시행착오를 거쳐서 이제 몇몇 프리랜서 전문가들과 신뢰 관계를 구축했다. 무언가를 새롭게 시도하려면 뒤통수라는 건 생략되지 않는다. 그렇다고 새로운 시도를 멈출 수는 없고 시행착오를 짧게 해 뒤통수 맞는 확률을 줄이는 방법 외에는 답이 없다.

요즘 이커머스, 이커머스라고 많이들 이야기하는데 나는 이제 이커머스에서 '이(e)'를 삭제하고 그냥 '커머스'라고 하고 싶다. 이제는 창업, 즉 사업이나 장사를 시작할 때는 '커머스'를 한다고 생각하고 디지털 공간, 도구를 활용해서 성공해 나가시길 바란다. 오프라인 비즈니스로 성공하던 시기가 지나간다. 오프라인 비즈니스도 온-오프를 효과적으로 믹스한 '하이브리드' 방식으로 해야 성공 확률이 높아진다. '디지털 기술'과 '이커머스'와 '아웃소싱'이라는 외부 협업과 지렛대를 잘 활용해서 모두 성공을 이루시기를 바란다.

닥치는 대로 살아가는 용기

제주에 있다는 걸 알고 친구들이 출장이나 여행을 오면 종종 연락을 준다. 얼마 전에도 오래된 벗과 저녁 식사를 했다. 이런저런 이야기를 나누다가 고민이 많은 사람들에게 위로가 될지 모른다는 이야기와 함께 덴마크 영화인 '어나더 라운드'란 영화를 추천받았다.

조금 부족할 정도의 혈중알코올농도를 아주 적정수준으로 유지하면 창의성을 발휘하고 능동적으로 변화된다는 가설을 주제로 펼쳐지는 이야기인데, 살아가는 것에 항상 걱정이 많고 소심한 나로서는 흥미로운 내용이었다.

나 역시 그런 경험을 했었다. 내향적인 성향이라서 자신 있게 자기주장을 하지 못하고 양보하기 싫어도 양보가 미덕인 양 내면의 나와 다른 생활을 하다가, 어쩌다 술을 마시고 조금 취기가 오르면 내면에 숨기고 있던 내가 밖으로 튀어나와 활기차고 자신 있게 이야기했던 기억이 떠올랐다.

술이라는 게 적당히 마시면 약이 되고 지나치게 마시면 해가 되는 건 다들 경험해서 알고 있을 것이다.

그 영화를 보면서 혹시 나는 내면의 나에게 뒤통수를 치고 있는 건 아닌가? 하는 질문을 하기도 했고, 평소에도 남의 시선을 의식하지 않고 적당히 술에 취한 듯이 용기 있게 삶을 살아가지 못하나? 하는 생각도 했다.

세상과 사람들을 향해서 크게 한번 소리 질러 보고 싶다는 생각을 가슴속에 숨기고 살았던 나에게는 여러 가지 생각을 하게 하는 영화였다.

어느 날 딸이 창밖을 향해 와! 하고 소심하게 소리를 지르면서 부끄러워하는 모습을 보고 "눈치 보지 말고 마음속에 있는 걸 크게 소리 질러도 돼!"라고 이야기했다. 사실은 소극적인 나 자신에게 했던 말이다.

나이와 상관없이 용기를 가지고 살아가야지 안 그러면 일평생 남의 눈치만 보고 위축된 상태로, 죽을 때도 남을 의식하면서 공손히 죽을 것 같다는 생각도 들었다. 평생 눈치만 보다가 삶을 마감하는 것은 너무 비참하다는 생각이 든다.

인간관계에서도 헤어짐이 두려워서 조심하고 머뭇거리는 일이 많다. 헤어질 때가 되면 헤어지는 것이고 좋으면 약속을 굳이 하지 않아도 함께 계속 가는 것이다. 이혼하는 게 두려워서 연애조차 시도하지 못한다면 그 얼마나 슬픈 일인가! 헤어질 때 헤어지더라도 그 순간까지 서로 최선을 다하면 된다. 헤어질 때도 박수쳐 줄 수 있도록 내가 더 성장의 노력을 기울이면 된다. 좀 더 나은 좀 더 큰 사람이 된다면 헤어짐에 대한 두려움도 없어지고 오히려 헤어지는 일도 없을 것이다.

가슴 깊은 곳에서 우러나오는 나의 내면의 소리를 더욱 잘 살피고 타인의 시선에서 벗어나 용기를 갖고 세상을 향해 크게 소리치면서 살아야겠다. 물론 내 성격상 쉽지는 않겠지만 해 보려고 한다.

전에 모 기업 연수원에 방문했을 때 봤었던 "닥치는 대로 살아라."라고 써 있는 비석 문구가 생각이 난다. 그 문구를 생각해 낸 분은 대단한 듯하다. 그래서 그렇게 크게 성공했나 보다. 머뭇거리지 말고 용기 있게 행동하란 의미였을 것이다. 나에게 하는 말인 것 같기도 하고.

적당히 술에 취한 듯 기쁘게 춤추듯이 살아가는 것은 좋은 것이다. 고맙다 친구야, 좋은 영화를 소개해 줘서.

내가 하고 결국 내가 해내야 한다

정말 많은 사람이 부자 친구, 부자 지인 혹은 권력자와 가깝게 지내고 싶어 한다. 아주 예전부터 그랬고 앞으로도 크게 변하지는 않을 것이다. 그런데 여기서 잘 알아야 할 핵심적인 내용이 있다. 진짜 부자들은 대부분 알고 있는데 일반인들은 잘 모르는 이야기다.

경영자 교육을 하면서 유력 인사들과의 네트워킹을 통해서 성공을 이루고자 꿈꾸는 많은 사람을 봐 왔다. 대부분 사람이 부와 권력을 가진 사람들을 깍듯하게 대한다.

힘 있고 돈 많은 사람과 인연을 맺어 놓으면 큰 부와 명예를 얻을 것이라는 잘못된 기대들을 한다. 부자들은 사람을 결코 쉽게 도와주지 않는다. 자기 사업이나 이익에 정확하게 도움이 될 만한 사람에게 한해서만 정확하게 도와준다.

어떤 경우에는 그 사람보다 재력도 없으면서 술과 식사비용 등을 대신 내면서 그 사람의 관심과 마음을 얻기 위해서 최선을 다한다. 하지만 결과는 앞서 이야기했듯이 크게 별 볼 일이 없다.

그 사람이 나를 도와줄 것이라는 근거도 없는 막연한 기대를 하고 의존적인 삶을 사는 사람들을 너무나 많이 봐 왔다. 누군가에게 기대어서 사는 삶을 계획하는 순간 자신이 가지고 있는 잠재력은 힘과 권력을 가진 사람의 눈치나 살피는 잘못된 에너지로 전환되어 이도 저도 아닌 이상한 사람이 되고 만다.

그들에게 기대고 의지하려는 생각을 하지 않고 자기만의 주도성을 가지고 최선을 다해 살았다면 자신의 역량을 발휘하고 잠재력도 극대화해서 본인 자신이 더 큰 기회를 만들어 낼 수 있었을 텐데 정말 안타깝다.

재력이나 권력을 가지고 있는 사람들은 보통 사람들이 아니다. 산전수전을 다 겪은 사람들이다. 그냥 만만하게 아는 사이라고 해서 절대 도와주지 않는다. 가족도 목표하는 바에 걸림돌이 된다고 하면 쳐내는 살벌한 사람들인데 오가면서 조금 안면이 있는 사이라고 도와줄 것으로 생각하면 큰 오산이다. 오히려 간만 보다가 이용만 당하고 정말 크게 뒤통수를 맞는다.

자기 자신을 믿고 시간이 걸리더라도 최선을 다해서 노력한다면 여러분의 손으로 구축한 신뢰의 생태계에서 만난 인연이 오히려 큰 지원군이 되는 경우가 많다.

최선을 다해서 열심히 뛰어다니는 당신의 멋진 뒷모습을 아무 말 없이 조용히 살펴보다가 '구원의 손길'을 뻗치는 사람은 여러분이 그렇게 사랑했던 부자 친구, 지인이 아닌 전혀 예상치도 못했던 사람들이다.

이해관계가 없는, 정말 예상하지도 못했던 사람들이 도와준다. 인생은 생각하지도 못한 일들이 많이 벌어진다. 어떤 면에서 인생은 공평하게 잘 굴러가는 것도 같다. 그러니 제발 의존적인 삶에서 탈피하기를 바란다.

지금 생각해 보니 내가 할 수 있었고 해낼 수 있었다. 안 했을 뿐이었고 나보다 남을 더 믿고 의지했기 때문이다.

나 자신을 믿고 내가 하고 결국 내가 해내야 한다.

'태도'로 진검승부 하자! (Attitude is everything!)

최근 들어서 주변 사람들이 '태도(Attitude)'에 관한 이야기를 많이 한다. 오래전에 읽었던 책의 내용이 별안간 생각이 나서 한 자 적어 본다. 무엇보다도 삶을 살아감에 있어서 '태도'가 매우 중요하다는 것이다. 국내외 여러 작가들의 책의 주제목, 부제목으로 '태도(Attitude)', 'Attitude is everything!'은 등장한다. 궁금해서 이리 저리 살펴보니 2천년대 초반부터 아니 아주 예전부터 최근까지 삶을 대하는 태도와 자세에 대해서 수많은 책들이 출간되었다. 아무리 기술 발전과 시대가 변했다고 하더라도 사람 사는 세상의 핵심적인 가치는 크게 변하지 않는다는 것이다.

국내외 유명인, 강연자 및 작가들이 동기부여를 목적으로 태도와 관련해서 아래 내용을 많이 이야기한다.

알파벳 순서대로 A-Z까지 A는 1, B는 2, C는 3으로 시작해서 맨 마지막 Z는 26번인데 'ATTITUDE'를 스펠링의 순서대로 적어 보면 '1+20+20+9+20+21+4+5=100' 총합이 정확하게 100점이 나오는, 그야말로 완벽한 100점짜리 단어다(교육열이 세계 톱 수준인 대한민국 국민은 누구라도 다 좋아할 것이다).

이것을 생각한 사람은 정말 대단한 사람이라 생각한다. 만들어 낸 공식이겠지만 정말 우연치고는 최고라고 항상 생각한다.

이렇게 밑자락을 점잖게 까는 이유는 나름 연식(?)이 된 분들은 이미 과거에 간행된 책자나 이야기를 통해서 이 사실을 많이들 알고 있을 텐데도 불구하고 다시 한번 '태도(Attitude)'의 중요성을 알리고 싶었기 때문이다. 이 말은 내가 조직 생활할 때 미취업자들을 취업시키는 일을 하면서 가장 중요시했었던 말이기도 하다. 아무리 세월이 흘러도 '삶을 대하는 태도'만큼 중요한 것은 찾아보기 힘들기 때문이다.

"Attitude is everything!" 인생을 살아가는 데 있어서 재능과 실력도 넘어설 수 있는, 아무리 강조해도 지나치지 않은 최고의 명 단어다. '태도'로 진검승부 하자!

부자들은 하루에 네 끼 먹는다?

세상에는 부자가 되기 위한 법, 성공하는 전략 등 부와 명예를 얻기 위한 이런저런 이야기들이 차고 넘친다.

최고경영자와 리더들을 10년 가까이 옆에서 지켜 보고 현재도 성공한 사람들과 호흡을 같이하고 있는 사람으로서 딱 한 마디로 요약하자면

"부자, 경영자, 성공한 사람들은 거의 하루도 **빼먹지** 않고 '운동'과 '공부'를 아주 치열하게 한다는 사실이다."

부와 권력을 차지하고 그것을 꾸준하게 유지하는 데는 다 이유가 있는 것이다.

하루에 세 끼를 식사하듯이 운동이나 공부를 하루 일과의 최우선 순위에 놓는다. 어떤 유명한 경영자는 운동을 끼니에 빗대어 나에게 이렇게 이야기했다. "나는 하루 네 끼를 먹어요. 아침, 점심, 저녁 그리고 운동!"

운동하는 것이 중요하다는 것을 알기에 운동을 밥 먹는 행위처럼 '일상화' 한다는 것이다.

진짜 부자나 성공한 사람들은 이른 새벽이나 아니면 퇴근 후 헬스클럽에 가거나 요가를 배운다. 아니면 조용한 곳에서 산책하거나 서점으로 가서 책을 보기도 한다.

일할 때는 사자가 먹잇감을 사냥하듯이 초집중하지만 일과 전혀 관계가 없는 활동을 함께함으로써 긴장했던 몸과 마음을 한편으로 위로하고 달래 주는 것을 병행하고 있다.

그래서 체력적으로나 정신적으로나 언제나 자신 있고 건강한 삶을 유지한다. 부와 명예를 이루고 지키는 건 반드시 신체적, 정신적, 사회적 건강함이 동시에 뒷받침돼야 한다는 걸 그들은 누구보다도 잘 안다. 유명 연예인들도 건강관리를 함은 물론이고, 자기 분야에서 뒤처지지 않기 위해서 처절할 정도의 공부를 한다. 긴장을 놓치는 순간 잊힌 존재가 되기 때문일 것이다.

그들보다 이루지 못한 사람들이 더 운동하고 처절하게 공부해야 하는데 평범한 삶을 살아 나가는 우리들은 오히려 그렇게 하지 못하고 있다. 운동과 자기관리는 부자와 유명인들의 고유영역이라고 여기는 것일까? 매우 안타까울 뿐이다. 꾸준한 공부와 운동만이 살길이다.

자신만의 제3의 공간을 가지라

많은 사람이 번아웃을 호소하고 쉴 새 없이 일하느라 정신이 없다. 워라밸은 사전 속의 단어일 뿐이고 고단한 몸과 마음을 달래줄 휴식이 절대적으로 필요하다. 그러나 현실적으로 휴가를 가는 것도 눈치가 보이고 휴가를 위한 사전 준비와 복잡한 절차로 짧은 휴가를 숙제처럼 해치우고 나서 그 후유증으로 일상의 균형이 오히려 깨져 버리는 경험을 많이 했을 것이다.

휴식이 아닌 일종의 프로젝트나 숙제로 느껴지는 것은 나만 느끼는 것인가? 이런 단발성, 연례행사를 치르는 듯한 프로젝트성 휴가나 휴식으로는 진정한 마음의 평화를 찾을 수가 없다. 일상생활 속에서 일과 삶의 균형을 찾고 의미와 여유를 찾지 못한다면 뜨거운 한여름에 잠깐의 쉼도 없이 계속 틀어 놓은 에어컨처럼 조만간에 수명을 다할 것이다. 요즘은 대사증후군, 성인병도 30대부터 시작되고 있다.

자기 자신만을 위한 심리적 공간, 물리적 공간이 절대적으로 필요하다. 꼭 돈을 많이 들일 필요도 없다. 직장이나 집 옆에 있는 공원이나 산책로도 좋고, 휴일 오전 시간의 서점도 좋고, 카페나 문화

센터 등도 좋다. 레트로 감성을 느낄 수 있는 LP 바도 좋고 동대문 광장시장으로 쇼핑을 가는 것도 좋다. 무엇이든지 남에게 방해받지 않고 오롯이 나를 충전하는 시간을 보낼 수 있으면 된다.

일로 엮이지 않은 사람들과 좋아하는 취미나 주제에 대해서 마음껏 떠들고 소통하다 보면 자연스럽게 몸과 마음이 안정되고 생각이 정리되는 것도 느낄 수 있을 것이다. 독서토론, 좋아하는 분야의 공부 모임, 운동이나 동호회 활동도 적극 추천한다. 단 만나는 사람이 절대 이해관계가 없어야 한다. 반드시 일과 분리가 되는 게 중요하다. 미국 사회학자 레이 올덴버그가 이야기했듯이 제1의 공간인 집이나 제2의 공간인 직장이 아니라 제3의 공간이 복잡한 사회를 살아 나가는 우리에게 절대적으로 필요하다.

권력자나 부자들은 매우 약다. 그들이 최고경영자과정이나 인문학 모임 등에 열심히 참석하는 이유는 단순히 공부와 사교를 통해서 사업을 확장하고 인적교류를 하는 목적도 있겠지만 제3의 공간에 대한 의미를 일찌감치 알고 적극적으로 실천하는 것이다. 어떤 사장님은 최고경영자과정을 열 군데를 넘게 다녔다. 부자들은 절대 손해 보는 행동을 하지 않는다.

꿈, 도전, 성장은 나이와 전혀 관계없다

흔히 아주 이른 나이에 성공하는 것은 좋지 않다고들 이야기한다. 반면에 나이가 들어서도 성공할 수 있다는 사례를 들면서 그동안 이런저런 이유로 부진했던 삶을 만회할 수 있다는 꿈과 희망을 품는다.

아주 개인적으로 솔직히 말하면 성공은 이를수록 좋다. 꽃방석, 돈방석도 젊었을 때 앉아야 좋은 것이다.

어린 나이에 큰돈을 벌면 관리능력이 없어서 망가진다느니, 성품이 변한다느니 하는 것도 다 부러워서 그러는 것이다. 아주 옛날이나 제대로 된 시스템과 정보가 없이 주먹구구로 관리를 해서 그렇지, 요즘은 정보통신 발달과 돈과 자산을 관리해 주는 회사들도 넘치고 많아서 이른 나이에 성공을 통한 '경제적 자유'를 누리는 데 크게 지장이 없다.

최근에 K팝의 글로벌 진출을 하는 컨설팅을 진행했다. 컨설팅을 받는 고객분들이 선후배 사이라고 하는데 두 분 나이가 예순을 넘었다. 한 분은 예순 중반을 넘었다.

보통은 K팝이나 콘텐츠는 MZ세대의 영역이라고 단정 지어 생각할 수 있는데, 그것이야말로 착각이었다. 그분들은 예술, 문화, 트렌드에 대한 국내외 전문지식이 넘쳤고 오히려 함께 일을 진행하는 우리가 K팝과 K컬처 전반에 걸쳐서 많이 배울 수 있었다.

나이는 숫자에 불과하다는 이야기는 확실히 맞는 이야기였고 이를 눈앞에서 확인하는 중요한 계기가 되었다. 많은 실패와 좌절 끝에 62세의 나이에 창업해서 켄터키 프라이드 치킨(KFC)을 성공시킨 '커넬 샌더스'를 늦은 창업의 성공 사례로 주로 이야기하는데 몇 년 후에는 예순을 넘긴 그분들이 늦은 창업 성공의 대표 사례로 남길 바라본다.

꿈을 갖고 도전한다는 것은 나이와 전혀 관계가 없다. 다시 강조하지만 개인적으로는 젊을 때 성공하는 것이 좋다. 최근 들어서 MZ세대를 중심으로 기업가 정신으로 무장한 젊은 경영자들이 쉴 새 없이 시장으로 나오고 있다(20대 초반 경영자들도 제법 많아지고 있다). 이것이야말로 정말 반가운 사실이다. 그분들이 인간 하이에나들에게 뒤통수를 맞는 일이 없기를 바라고 시행착오를 적게 겪으면서 빠르게 성공하기를 진심으로 바란다.

마음을 터 놓고 이야기 할 수 있는 사람은 소중하다

제주에서 서울로 올라왔다고 오랜만에 고교 동창들과 저녁을 했다.
서로 사는게 바빠서 본지 오래되었지만 역시 오랜 벗들과의 만남은 항상 반갑고 즐겁다.

세월이 제법 흘렀나 보다. 마음은 아직도 청춘인데 머리가 하얗게 된 친구, 머리털이 없어진 친구, 염색을 하고 신경을 쓰지 못해서 반은 하얗고 반은 검은색인 친구, 여전히 머리가 검어서 부러움을 한 몸에 받는 친구 등 모양새가 이제는 많이 달라져 있다.

건강하고 행복한 삶을 살려면 마음을 터놓고 이야기를 할 수 있는 친구가 있어야 한다고 하는데 맞는 말이다. 목적을 갖고 맺어진 관계가 아닌 마음을 터 놓고 이야기 할 수 있는 결이 맞는 사람이 곁에 있다는 것만으로도 감사할 일이다. 꼭 친구가 아니라도 좋다. 가족, 선배나 후배, 친척, 사회활동 중에 만난 좋은 인연 등 현재 나의 처지와 상황을 이해하고 서로 소통하고 교류할 수 있는 사람은 고맙고 소중한 사람이다.

그래도 결국은 사람이다

뒤통수가 없는 세상에서 살고 싶지만 현실은 그렇지 않다. 새로운 도전을 하지 않거나 새로운 사람을 만나지 않는다면 뒤통수를 피해 갈 수는 있을 것이다. 하지만 '구더기 무서워서 장 못 담글까.'라는 속담이 있듯이 뒤통수 맞을 것이 두려워서 변화와 발전을 멈추는 일은 없어야 할 것이다.

뒤통수는 좋지 않은 것임에는 분명하지만 '역기능'만 보지 말고 '순기능'도 잘 살필 필요가 있다. 뒤통수를 맞더라도 그 힘들었던 경험을 곱씹고 잘 살려서 오히려 성장과 발전의 계기로 삼으면 단기적으로는 입에 쓰더라도 결국에는 좋은 약이 돼서 건강한 사람으로 거듭날 수 있을 것이다.

혼자서는 아무것도 할 수 없을 뿐만 아니라 살아가는 의미도 크지 않다. 나를 응원하고 지지하는 사람들과 함께라면 힘든 일도 극복할 수 있을 뿐만 아니라 기쁨의 순간도 누릴 수 있을 것이다.

"혼자 가면 빨리 가고, 함께 가면 멀리 간다."라는 유명한 이야기는 좋은 말이고 옳은 말이다.

전에도 잘만 다니던 안정적인 직장을 그만두고 전혀 다른 분야의 사업에 도전하겠다는 나를 지원해 주고 지금도 새로운 도전을 응원해 주는 우리 가족에게 진심으로 미리 감사한다.

어려서부터 항상 나를 응원해 주는 나의 든든한 벗 서울의대 장진영 교수에게 고마움을 전한다. 항상 너의 응원이 힘이 된다.

사장의 무모한 도전을 옆에서 보며 나에게 '긍정적 착각'을 하게 해 준 우리 구성원분들에게 진심으로 감사를 전한다. 앞으로도 함께 멀리 가면 좋겠다. 내가 더 잘해야겠다.

부족한 나의 글을 정성스럽게 교정, 교열을 해 주신 신희정 선생님 감사합니다.

세상은 잘 살펴보면 좋은 사람들이 많다. 뒤통수 맞고 힘들어도 좋은 사람들과 함께 희망을 품고 살아 볼 만하다.

에필로그

앞서 이야기했지만 한가롭게 살아가지 못하기 때문에 '한가롭게' 라고 필명이라도 하면 좀 나아질 수 있으려나 해서 마음을 담아서 지은 것처럼 내가 가장 좋아하는 말은 '삶을 주도적으로 살아라.'라는 문구다. 이것 역시 그동안 살아감에 있어서 주도성을 갖고 살지 못했기 때문에 자꾸 나 자신에게 조용하게 되뇌는 것이기도 하다.

뒤통수를 맞고 많은 후회와 깨달음을 얻게 된 것도 어찌 보면 주도적으로 자기 삶을 이끌어 가지 못하고 남의 시선이나 평가에 신경을 쓰고 남에게 의지하면서 살았기 때문이다. 내 삶인데도 남이 어떻게 생각하는가가 더 중요했었고 돈 많고 힘 있는 사람의 도움을 받아서 쉽게 잘살아 보겠다는 의존적인 삶의 방식을 선택해서 일어났던, 정확하게 원인에 따른 결과였다.

우리 모두에게는 한정된 시간이 남아 있다. 누구에게는 시간이 많이 남았을 수도, 또 다른 누구에게는 생각했던 것보다 시간이 짧게 남았을 수도 있다. 시간이야말로 인간의 의지로 어떻게 할 수 없다. 요즘같이 복잡하고 예측 불가능한 시기에는 언제 어떻게 될지도 모르겠다는 생각도 든다.

남의 시선에 이끌려서 삶을 살아가기에는 남아 있는 시간이 그리 길지 않다. 그동안 많은 시간을 남의 비위를 맞추고 살아왔다. 어깨 펴고 내 목소리 한번 크게 내 본 기억이 손에 꼽을 정도다. 후회가 남는다. 나는 매우 이타적이라는 나만의 착각과 함께 나는 없고 남만 있는 상황, 남에게 좋은 사람이라는 평을 듣기 위해서 내면의 나에게 항상 뒤통수를 치면서 살아왔다. 이제부터라도 과거에 잘못했거나 후회가 되었던 일들, 사람, 관계 등에서 벗어나 자유롭게 자신이 삶의 주인공이 되는 주도적인 삶을 살아가려 한다.

내가 이 세상의 주인공이 되어야 한다. 그동안 남들의 성공을 돕고 그들의 화려한 성공에 박수만 수없이 치다가 지치지 않았는가? 인생을 조연으로 마감하면 절대 안 된다. 내가 이 세상에서 가장 소중한 사람이다. 이제는 내가 주연이 돼서 박수받고 스포트라이트도 받아야 한다. 겸손과 양보는 그다음에 생각해 보자. 그래야 하나뿐인 나의 소중한 인생에 뒤통수를 치지 않는 것일뿐더러 내 인생에 미안하지 않고 후회 없이 행복한 삶을 살아갔다고 이야기할 수 있을 것이다.

시기적으로나 상황적으로 힘이 들어서 이런저런 생각이 많아졌을 때 책을 한번 쓰는 것이 어떻겠냐는 말을 들었고 걸음마처럼 한두 문장씩 글을 써 나가면서 나를 대하는 나의 마음도 하나둘씩 정리가 되고 삶의 방향성도 어느 정도 정리가 되었다.

글을 써 보라고 용기를 준 나의 딸 "진심으로 고맙고 사랑한다."

글을 쓰면서 돌아가신 엄마 생각이 많이 났다. 돌아가시고 나서 좋은 일보다는 급하거나 좋지 않은 일을 당했을 때 뜨문뜨문 생각했었는데 지금 보니 말도 안 되게 모든 걸 다 주셨음을 다시 한번 느끼게 되었다. 그때는 말씀을 못 드렸지만 진심으로 사랑을 전합니다.

살면서 눈이 번쩍 뜨일 정도로 삶이 한 번에 크게 변화되는 일은 없다. 하지만 자기만의 방향성을 찾고 꾸준히 걸어 나가다 보면 차츰 뿌옇게 흐려졌던 시야는 점차 밝고 맑아질 것이고 늘 불안과 불신 속에서 갈피를 못 잡던 정신도 항상심을 찾고 다시 안정을 찾아 나갈 것이다.

다시 한번 이야기하지만, 나중에는 기억에도 남지 않을 말도 안 되는 인간들에게 뒤통수를 맞고 자신과 가족의 소중한 삶과 행복을 절대로 빼앗기지 않기를 진심으로 바란다.

2023년 11월

한가(家)롭게 드림